U0960743

"十二五"职业教育国家规划教材配套辅导用书

财务管理职业能力训练

(第5版)

主　编　郭素娟　于　涵
副主编　赵丽丽　石晓燕　洪　燕

中国财经出版传媒集团
中国财政经济出版社

图书在版编目（CIP）数据

财务管理职业能力训练／郭素娟，于涵主编．--5版．--北京：中国财政经济出版社，2021.12（2024.1重印）
“十二五”职业教育国家规划教材配套辅导用书
ISBN 978-7-5223-1025-1

Ⅰ．①财…　Ⅱ．①郭…②于…　Ⅲ．①财务管理-高等职业教育-教学参考资料　Ⅳ．①F275

中国版本图书馆CIP数据核字（2021）第256031号

责任编辑：李　媛　　　　责任校对：胡永立
封面设计：陈宇琰

财务管理职业能力训练
CAIWU GUANLI ZHIYE NENGLI XUNLIAN

中国财政经济出版社 出版

URL：http：//www.cfeph.cn
E-mail：cfeph@cfeph.cn

社址：北京市海淀区阜成路甲28号　邮政编码：100142
营销中心电话：010-88191522
天猫网店：中国财政经济出版社旗舰店
网址：https：//zgczjjcbs.tmall.com
中煤（北京）印务有限公司印刷　各地新华书店经销
成品尺寸：185mm×260mm　16开　10印张　232 000字
2022年1月第1版　2024年1月北京第3次印刷
定价：25.00元
ISBN 978-7-5223-1025-1
（图书出现印装问题，本社负责调换，电话：010-88190548）
本社质量投诉电话：010-88190744
打击盗版举报热线：010-88191661　QQ：2242791300

前　言

《财务管理》和配套辅助教材《财务管理职业能力训练》作为高职高专财经类专业教材，自2010年初版以来，至今已经推出第5版。本教材已经使用了10余年的时间，教材团队对教材体系和相关内容不断进行完善、调整、更新，做到与时俱进，满足适应大数据和人工智能迅猛发展背景下的财务管理人才的培养需要。多年来，本教材深受高职院校教师和学生以及广大读者的认可和厚爱，值此第5版问世之际，谨向选用本书和提出宝贵修改建议的广大师生和读者朋友，致以衷心的感谢！

本教材第5版是在经全国职业教育教材审定委员会审定的“十二五”职业教育国家规划教材《财务管理》第3版的基础上，遵循教育部最新发布的《高等职业学校专业教学标准》中对本课程的要求，依据最新颁发的国家标准或行业标准、政策、法规或规范、职业技能等级证书要求等修订而成。根据政府最新相关文件精神，结合企业对财务管理人才的素质要求，按照高职高专财务管理课程的教学目标，吸收财务管理的最新内容，融入课程思政，充分考虑企业专家的意见和建议，结合高职学生的认知特点，内容设置充分体现“岗课赛证”相融合，教材编写团队在总结长期教学经验和实践经验的基础上，精心编写而成。

本教材已经使用了10多年的时间，在使用过程中，教师和学生提出了很多合理化的意见和建议，这成为完善教材体系和内容的宝贵资源。因此，教材编写团队在第4版的基础上，对相关内容进行了完善、调整、更新，做到与时俱进，满足适应大数据和人工智能迅猛发展背景下的财务管理人才的培养需要。

《财务管理职业能力训练》包括知识回顾、职业能力训练和案例分析等内容，与主教材紧密结合，具有针对性。知识回顾提纲挈领地概括了每一项目的重点和难点，便于学生自学和复习；职业能力训练设计了单选、多选、判断和计算分析等题型，将相关理论知识以灵活的方式表现出来，便于学生巩固所学知识；案例分析体现与教学内容的融合性，与实际紧密结合的时效性，使学生在掌握基本理论知识的前提下，着重培养其运用理论知识解决实际问题的能力，以及创新精神与创新能力的养成。

《财务管理职业能力训练》本次修订主要体现在以下方面：

（1）根据主教材《财务管理》的内容和体系，对《财务管理职业能力训练》的内容和体系进行了相应调整。

（2）对知识回顾的内容进行了补充和完善，更加有利于教师的“教”和学生的“学”。

（3）结合课程思政，对职业能力训练的职业判断能力测试进行了更新和完善，融入岗课证赛相关内容。

吸纳有丰富财务管理教学经验的教师和有丰富财务管理实践经验的不同业态的企业专家加入编写队伍，建立校企合作教材编写团队，聘请企业的财务专家担任审定工作，使教材更加贴近企业相关岗位对财务管理知识的需求，共同提高教材质量。

本教材的校企合作编写团队如下：

主编：山东商业职业技术学院教授、高级会计师、注册会计师郭素娟；山东商业职业技术学院副教授于涵。副主编：山东商业职业技术学院讲师赵丽丽；山东商业职业技术学院副教授石晓燕；山东商业职业技术学院讲师洪燕。山东航空公司济南营业部财务经理、高级会计师张涛担任主审。

具体编写分工如下：项目一、项目二由于涵编写，项目三、项目四由郭素娟编写，项目五、项目六由洪燕编写，项目七由石晓燕编写，项目八由赵丽丽编写。全书最后由郭素娟总纂定稿。

本教材在编写过程中参阅、借鉴了相关教材、著作和网络资源，在此对相关作者表示诚挚的谢意。由于编写时间仓促，作者水平和实践经验有限，书中不妥之处，恳请读者批评指正。

编者

2021 年 12 月

目录

项目一　财务管理的初步认知 …… 1
知识回顾 …… 1
职业能力训练 …… 5
案例分析 …… 11

项目二　财务管理的价值观念认知 …… 14
知识回顾 …… 14
职业能力训练 …… 20
案例分析 …… 31

项目三　项目投资管理 …… 34
知识回顾 …… 34
职业能力训练 …… 41

项目四　筹资管理 …… 48
知识回顾 …… 48
职业能力训练 …… 64
案例分析 …… 73

项目五　营运资本管理 …… 76
知识回顾 …… 76
职业能力训练 …… 85
案例分析 …… 94

项目六　股利分配管理 …… 96
知识回顾 …… 96

职业能力训练 …… 102
案例分析 …… 109

项目七 **预算管理** …… 110
知识回顾 …… 110
职业能力训练 …… 115
案例分析 …… 120

项目八 **财务分析** …… 126
知识回顾 …… 126
职业能力训练 …… 135
案例分析 …… 140

附　录 …… 141

参考文献 …… 153

1 项目一 财务管理的初步认知

知识回顾

一、企业的组织形式

典型的企业组织形式有三类：个人独资企业、合伙企业和公司制企业（如表 1－1 所示）。

表 1－1

个人独资企业	含义	个人独资企业是由一个自然人投资，财产为投资人个人所有，投资人以其个人财产对企业债务承担无限责任的经营实体
	优点	①创立容易 ②维持个人独资企业的固定成本较低 ③不需要缴纳企业所得税
	缺点	①业主对企业承担无限连带责任 ②企业的存续年限受制于业主的寿命 ③难以从外部获得大量资本用于经营
合伙企业	含义	合伙企业是由各合伙人订立合伙协议，共同出资，合伙经营，共享收益，共担风险，并对合伙债务承担无限连带责任的营利性组织。通常，合伙人是两个或两个以上的自然人，有时也包括法人或其他组织
	优缺点	与个人独资企业类似，只是程度有些区别
	其他	合伙企业规定每个合伙人对企业债务承担无限连带责任；其所有权的转让比较困难。合伙企业分为普通合伙企业和有限合伙企业。此外，还有特殊普通合伙企业
公司制企业	含义	它们的共同特点是均为经政府注册的营利性法人组织，并且独立于所有者和经营者。任何依据公司法登记的机构都被称为公司
	优点	①无限存续；②股权便于转让；③有限责任
	缺点	①双重课税；②组建成本高；③存在代理问题

二、财务管理的内容

财务管理的内容可分为三个部分：长期投资、长期筹资和营运资本管理（如表1-2所示）。

表1-2

内容	含义	特点
长期投资	长期投资，是指企业对经营性长期资产的投资	①投资的主体是公司 ②投资的对象是经营性长期资产 ③投资的目的是获取经营活动所需的实物资源
长期筹资	长期筹资，是指筹集和管理企业的长期资本	①筹资的主体是公司 ②筹资的对象是长期资本 ③筹资的目的是满足企业长期资本的需要
营运资本管理	营运资本管理分为营运资本投资管理和营运资本筹资管理两部分	营运资本投资管理主要是制定营运资本投资决策，决定分配多少资金用于应收账款和存货，决定保留多少现金以备支付，以及对这些资金进行日常管理；营运资本筹资管理主要是制定营运资本筹资决策，决定向谁借入短期资金，借入多少短期资金，是否需要采用赊购融资等

三、财务管理的环节

财务管理的环节是指财务管理的工作步骤和一般程序，包括以下环节（如表1-3所示）。

表1-3

计划与预算	财务预测	财务预测是财务决策的前提
	财务计划	根据企业整体战略目标和规划，结合财务预测的结果，对财务活动进行规划，并以指标形式落实到每一计划期间的过程
	财务预算	财务预算是财务预测和财务决策的具体化，是控制财务活动的依据
决策与控制	财务决策	财务管理的核心是财务决策，财务预测是为财务决策服务的，决策成功与否直接关系到企业的兴衰成败
	财务控制	财务控制是落实预算任务、保证预算实现的有效措施
分析与考核	财务分析	通过财务分析，可以掌握各项财务计划的完成情况并对其进行评价，改善财务预测、决策、预算和控制，改善企业管理水平，提高企业经济效益
	财务考核	财务考核与奖惩紧密联系，是贯彻责任制原则的要求，也是构建激励与约束机制的关键环节

四、财务管理的目标（如表1-4所示）

表1-4

利润最大化	含义	利润最大化是假定企业财务管理以实现利润最大化为目标。利润代表了企业新创造的财富，利润越多则说明企业的财富增加得越多，越接近企业的目标
	优点	在财务上，用利润最大化来定位企业财务管理目标，简明实用，便于理解
	缺点	①没有考虑利润的取得时间，不能体现资金的时间价值 ②没有反映创造的利润与投入的资本之间的关系，不利于不同资本规模的企业或同一企业不同时期之间的比较 ③没有考虑风险因素，可能会使企业不顾风险的大小，片面追求利润最大化 ④片面追求利润最大化，可能导致企业短期行为 ⑤利润最大化目标中的利润额很容易采用多计收入、少计费用等违背会计准则的方法人为操纵
股东财富最大化	含义	股东财富最大化是指企业财务管理以实现股东财富最大为目标，企业要为股东创造价值
	优点	①考虑了风险因素 ②在一定程度上克服企业在追求利润上的短期行为 ③对上市公司而言，股东财富最大化目标比较容易量化，便于考核和奖惩
	缺点	①通常只适用于上市公司，非上市公司难以应用 ②股价是受多种因素影响的结果，特别是企业外部的因素，有些还可能是非正常因素，不能准确反映财务管理状况 ③它强调更多的是股东利益，而对其他相关者的利益重视不够
企业价值最大	含义	企业价值最大化是指企业财务管理以实现企业的价值最大为目标
	优点	①考虑了取得报酬的时间，并用时间价值的原理进行了计量 ②考虑了风险与报酬的关系 ③将企业长期稳定的发展和持续的获利能力放在首位，克服了企业只追求利润的短期行为 ④用价值代替价格，避免了过多外界因素的干扰，有效地避免了企业的短期行为
	缺点	以企业价值最大化作为财务管理目标过于理论化，不易操作
相关者利益最大化	含义	企业的利益相关者包括股东，然后是债权人、企业经营者、客户、供应商、员工、政府等。因此，在确定企业的财务管理目标时，不能忽视这些利益相关者的利益
	优点	①有利于企业长期稳定发展 ②体现了合作共赢的价值理念，有利于实现企业经济效益和社会效益的统一 ③这一目标本身是一个多元化、多层次的目标体系，较好地兼顾了各利益主体的利益 ④体现了前瞻性和现实性的统一
相关者利益最大化是企业财务管理最理想的目标。但是，鉴于该目标过于理想化而无法操作，因此，我们主张将股东财富最大化作为财务管理的目标		

五、不同利益主体财务管理目标的冲突与协调（如表1-5所示）

表1-5

不同利益主体	矛盾表现	协调方法
所有者与经营者	经营者希望在创造财富的同时，能够获取更多的报酬、更多的享受，并避免各种风险；而所有者则希望以较小的代价（支付较少的报酬）实现更多的财富	①约束措施（解聘、接收） ②激励措施（股票期权、绩效股）

续表

不同利益主体	矛盾表现	协调方法
所有者与债权人	债权人目标：到期收回本金，并获得约定的利息收入。所有者可能要求经营者改变举债资金的原定用途，将其用于高风险的项目，这会增大偿债的风险，损害债权人的利益。另外，所有者可能未征得享有债权人同意，要求经营者发行新债券或举借新债，致使旧债券或老债券的价值降低（因为相应的偿债风险增加）	①限制性借款 ②收回借款或停止借款
企业财务目标与社会责任	环境保护、产品安全、质量、劳动保险等	法律、社会舆论、道德约束等

六、财务管理的环境

财务管理环境又称理财环境，是指对企业组织财务活动和处理财务关系产生影响的企业内外部各种条件的统称。理财环境包括内部环境和外部环境两个方面。内部环境是指企业的内部条件，如企业组织形式、公司治理结构、生产技术水平、企业人员素质等。外部环境是指企业的外部条件、因素和状况，如经济环境、法律环境、政治环境、社会文化环境等。

我们主要介绍对财务管理影响比较大的经济环境、法律环境和金融环境等因素。经济环境因素主要有经济周期、经济发展水平、宏观经济政策、通货膨胀等。法律环境因素有企业组织形式的法律规定、财务会计法规和税收法律规定。

（一）金融机构

金融机构包括银行业金融机构和非银行金融机构。

（二）金融市场的种类（如表1－6所示）

表1－6

分类标准	分类	特点
按交易期限进行分类	货币市场	货币市场又称为短期金融市场，是指以期限不超过一年的金融工具为媒介，进行短期资金融通的市场。货币市场满足了借款者的短期资金需求，为暂时闲置性资金找到出路。工具包括银行同业短期资本的拆借、国库券、商业票据、可转让存单等
	资本市场	资本市场又称为长期金融市场，是指以期限在一年以上的金融工具为媒介，进行长期资金交易活动的市场。资本市场的主要功能是满足长期资金的融通。工具包括股票、公司债券、长期政府债券和银行长期贷款
按交易对象进行分类	资金市场	资金市场以货币、各种票据和有价证券等为交易对象。从筹资与投资的角度来看，资金市场与财务管理关系最为密切
	黄金市场	黄金市场则是集中进行黄金买卖和金币兑换的交易市场
	外汇市场	外汇市场以各种外汇金融工具为交易对象
按证券交易的方式和次数分类	初级市场	初级市场，又称为一级市场或发行市场，是指资金需求者将证券首次出售给公众时形成的市场。我们可以将其理解为“新货市场”
	次级市场	次级市场，又称为二级市场或流通市场，是指在证券发行后，各种证券在不同投资者之间买卖流通所形成的市场我们可以将其理解为“旧货市场”

（三）金融市场的构成要素

金融市场是由金融市场主体、金融市场工具、金融交易场所和交易价格四要素构成（如表1－7所示）。

表1－7

<table>
<tr><td>市场主体</td><td colspan="2">金融市场主体即参与金融市场交易活动而形成买卖双方的各经济单位，包括个人、企业、政府和金融机构，它是金融市场交易的主体</td></tr>
<tr><td rowspan="3">金融工具</td><td>含义</td><td>金融工具，又称为金融资产，是能够证明债权债务关系或所有权关系并据以进行货币资金交易的合法凭证，它对于交易双方所承担的义务或享有的权利均具有法律效力</td></tr>
<tr><td>特性</td><td>金融工具一般具有流动性、风险性和收益性三个基本特征</td></tr>
<tr><td>分类</td><td>如果不考虑外汇，根据金融工具的用途，可以将金融工具分为两大类：一类是为筹资和投资而设计的金融工具，如各种股票、债券、票据、借款合同、大额定期可转让存单等；另一类是为保值和投机而设计的金融工具，如期货合同和期权合同等</td></tr>
<tr><td>交易场所</td><td colspan="2">金融交易场所是进行金融工具交易的地方。金融交易场所可以是有形的，也可以是无形的</td></tr>
<tr><td>交易价格</td><td colspan="2">交易价格反映在一定时期内转让货币资金使用权的报酬，即利息率</td></tr>
</table>

（四）利息率

利息率简称利率，是利息占本金的百分比指标，是资金的价格，由供给和需求决定。

利率通常由纯利率、通货膨胀补偿率和风险报酬率三部分构成，其计算公式如下：

利率＝纯利率＋通货膨胀补偿率＋风险报酬率

职业能力训练

一、单选题

1．与普通合伙企业相比，下列各项中，属于股份有限公司缺点的是（　　）。

A．筹资渠道少　　B．承担无限责任

C．企业组建成本高　　D．股权转移较为困难

2．下列各项中不属于特殊的普通合伙企业的是（　　）。

A．律师事务所　　B．会计师事务所

C．设计师事务所　　D．上市公司

3．某上市公司职业经理人在任职期间不断提高在职消费，损害股东利益。这一现

象所揭示的公司制企业的缺点主要是（　　）。

A. 产权问题　　B. 激励问题

C. 代理问题　　D. 责权分配问题

4. 以下是财务管理最为理想的目标的是（　　）。

A. 相关者利益最大化　　B. 利润最大化

C. 股东财富最大化　　D. 每股盈余最大化

5. 根据企业财务活动的历史资料，考虑现实的要求和条件，对企业未来的财务活动作出较为具体的预计和测算过程指的是（　　）。

A. 财务预测　　B. 财务计划

C. 财务预算　　D. 财务决策

6.（　　）是财务管理的核心，其成功与否直接关系到企业的兴衰成败。

A. 财务决策　　B. 财务控制

C. 财务预算　　D. 财务预测

7. 利用专门的方法对各种备选方案进行比较和分析，从中选出最佳方案的过程是（　　）。

A. 财务预测　　B. 财务决策

C. 财务控制　　D. 财务分析

8. 企业财务管理以实现利润最大为目标的财务管理目标是（　　）。

A. 利润最大化　　B. 股东财富最大化

C. 企业价值最大化　　D. 相关者利益最大化

9. 每股收益最大化作为财务管理目标，其优点是（　　）。

A. 考虑了资金的时间价值　　B. 考虑了投资的风险价值

C. 有利于企业克服短期行为　　D. 反映了投入资本与收益的对比关系

10. 下列各项中不属于股东财富最大化目标优点的是（　　）。

A. 考虑了风险因素

B. 在一定程度上能避免企业追求短期行为

C. 有利于量化非上市公司的股东财富

D. 对上市公司而言，股东财富最大化目标比较容易量化，便于考核和奖惩

11. 在股东投资资本不变的情况下，下列各项中能够体现股东财富最大化这一财务管理目标的是（　　）。

A. 利润最大化　　B. 每股收益最大化

C. 每股股价最大化　　D. 企业价值最大化

12. 下列各项中，不属于企业相关者利益最大化财务管理目标特点的是（　　）。

A. 有利于企业长期稳定发展

B. 体现了合作共赢的价值理念，有利于实现企业经济效益和社会效益的统一

C. 体现了现实性和前瞻性的统一

D. 这一目标没有兼顾各利益主体的利益

13. 在下列各项中，对企业财务管理的目标的说法错误的是（　　）。

A. 利润最大化目标没有考虑货币时间价值

B. 每股收益最大化目标考虑了风险因素

C. 股东财富最大化目标通常只适用于上市公司

D. 相关者利益最大化目标体现了合作共赢的价值理念

14. 某公司董事会召开公司战略发展讨论会，拟将企业价值最大化作为财务管理目标，下列理由中，难以成立的是（ ）。

A. 有利于规避企业短期行为

B. 有利于量化考核和评价

C. 有利于持续提升企业获利能力

D. 有利于均衡风险与报酬的关系

15. 相对于资本市场而言，下列各项中，属于货币市场特点的是（ ）。

A. 流动性强　　B. 收益高

C. 期限长　　D. 风险大

16. 根据相关者利益最大化财务管理目标理论，承担最大风险并可能获得最大报酬的是（ ）。

A. 股东　　B. 债权人

C. 经营者　　D. 供应商

17. 以下不属于财务管理经济环境构成要素的是（ ）。

A. 经济周期　　B. 通货膨胀水平

C. 宏观经济政策　　D. 公司治理结构

18. 下列各项中，能够用于协调企业所有者与企业债权人矛盾的方法是（ ）。

A. 解聘　　B. 接收

C. 激励　　D. 停止借款

19. 下列各项措施中，无助于企业应对通货膨胀的是（ ）。

A. 发行固定利率债券　　B. 以固定租金融资租入设备

C. 签订固定价格长期购货合同　　D. 签订固定价格长期销货合同

20. 下列不属于金融工具特征的有（ ）。

A. 流动性　　B. 风险性

C. 收益性　　D. 衍生性

21. 下列属于资本市场工具的有（ ）。

A. 国库券　　B. 商业票据

C. 可转让大额定期存单　　D. 公司股票

22. 下列各项中，属于货币市场工具的是（ ）。

A. 可转换债券　　B. 优先股

C. 银行承兑汇票　　D. 银行长期贷款

二、多选题

1. 与独资企业和合伙企业相比，公司制企业的特点有（ ）。

A. 以出资额为限，承担有限责任

B. 权益资金的转让比较困难

C. 存在着对公司收益重复纳税的缺点

D. 更容易筹集资金

2. 下列各项中，属于企业财务管理环节的有（ ）。

A. 财务预测 B. 财务决策

C. 财务预算 D. 财务分析

3. 关于财务管理环节，下列说法中，正确的有（ ）。

A. 财务预测是决策的前提

B. 财务预算是预测和决策的具体化

C. 财务考核是构建激励与约束机制的关键环节

D. 财务决策是核心环节，关系企业的兴衰成败

4. 利润最大化不是企业最优的财务管理目标，其原因包括（ ）。

A. 不能直接反映企业创造剩余产品的多少

B. 没有考虑利润和投入资本额的关系

C. 没有考虑取得利润的时间和承受风险的大小

D. 没有考虑企业成本的高低

5. 以股东财富最大化作为财务管理目标存在的问题有（ ）。

A. 非上市公司难于应用

B. 股价受众多因素的影响，股价不能完全准确反映企业财务管理状况

C. 它强调的更多是股东利益，而对其他相关者的利益重视不够

D. 依然没有考虑风险的因素

6. 股东财富最大化的优点是（ ）。

A. 考虑了风险因素 B. 避免企业追求短期行为

C. 可准确反映企业财务管理状况 D. 考虑了相关者的利益

7. 以下属于相关者利益最大化目标具体内容的有（ ）。

A. 强调风险与报酬的均衡

B. 强调股东的首要地位

C. 强调对代理人即企业经营者的监督与控制

D. 保持与政府部门的良好关系

8. 在股东投资资本和债务价值不变的情况下，下列各项中不能体现股东财富最大化这一财务管理目标的有（ ）。

A. 利润最大化 B. 每股收益最大化

C. 每股股价最大化 D. 企业价值最大化

9. 下列各项中，不符合企业相关者利益最大化财务管理目标内容的有（ ）。

A. 强调股东的首要地位 B. 强调债权人的首要地位

C. 强调员工的首要地位 D. 强调经营者的首要地位

10. 为了应对通货膨胀对企业造成的影响，企业可以采取的措施有（ ）。

A. 放宽信用期限 B. 取得长期负债

C. 减少企业债权 D. 签订长期购货合同

11. 下列各项不属于相关者利益最大化财务目标缺点的有（ ）。

A. 不能够克服企业在追求利润上的短期行为

B. 没有考虑风险和报酬的关系

C. 没有考虑取得报酬的时间

D. 不利于企业长期稳定发展

12. 在某公司财务目标研讨会上，张经理主张“贯彻合作共赢的价值理念，做大企业的财富蛋糕”；李经理认为“既然企业的绩效按年度考核，财务目标就应当集中体现当年利润指标”；王经理提出“应将企业长期稳定的发展放在首位，以便创造更多的价值”。上述观点涉及的财务管理目标有（　　）。

A. 利润最大化　　B. 企业规模最大化

C. 企业价值最大化　　D. 相关者利益最大化

13. 下列各项企业财务管理目标中能够同时考虑避免企业追求短期行为和风险因素的财务管理目标有（　　）。

A. 利润最大化　　B. 股东财富最大化

C. 企业价值最大化　　D. 相关者利益最大化

14. 下列属于相关者利益最大化目标优点的有（　　）。

A. 是一个多元化、多层次的目标体系

B. 避免企业追求短期行为

C. 体现了合作共赢的价值理念

D. 体现了前瞻性和现实性的统一

15. 在企业各种财务管理目标中，考虑了风险因素的有（　　）。

A. 利润最大化　　B. 每股利润最大化

C. 股东财富最大化　　D. 相关者利益最大化

16. 为确保企业财务目标的实现，下列各项中，可用于协调所有者和经营者利益冲突的措施有（　　）。

A. 所有者解聘经营者　　B. 所有者向企业派遣财务总监

C. 公司被其他企业接收或吞并　　D. 所有者给经营者以“股票期权”

17. 下列各项中，属于协调所有者与经营者利益冲突的有（　　）。

A. 解聘　　B. 接收

C. 股票期权　　D. 绩效股

18. 为防止经营者背离股东目标，股东可以采取的措施有（　　）。

A. 给予经营者股票期权奖励　　B. 对经营者实行固定年薪制

C. 要求经营者定期披露信息　　D. 聘请注册会计师审计财务报告

19. 公司的下列行为中，可能损害债权人利益的有（　　）。

A. 提高股利支付率　　B. 加大为其他企业提供的担保

C. 提高资产负债率　　D. 加大高风险投资比例

20. 下列各项中，能协调所有者与债权人之间矛盾的方式有（　　）。

A. 市场对公司强行接收或吞并　　B. 债权人通过合同实施限制性借款

C. 债权人停止借款　　D. 债权人收回借款

21. 下列各项中，可用来协调公司债权人与所有者矛盾的方法有（　　）。

A．规定借款用途　　B．规定借款的信用条件
C．要求提供借款担保　　D．收回借款或不再借款
22．下列金融市场类型中，能够为企业提供中长期资金来源的有（　）。
A．拆借市场　　B．股票市场
C．融资租赁市场　　D．票据贴现市场
23．财务管理的外部环境包括（　）。
A．经济环境　　B．法律环境
C．财务计划　　D．金融环境
24．在下列各项中，属于财务管理经济环境构成要素的有（　）。
A．经济周期　　B．通货膨胀水平
C．宏观经济政策　　D．公司治理结构
25．金融工具一般具有的特点包括（　）。
A．有效性　　B．流动性
C．风险性　　D．收益性

三、判断题

1．财务管理的内容包括长期投资、长期筹资和营运资本管理。（　）
2．股利分配决策是长期筹资决策的一部分内容。（　）
3．营运资本管理只包括营运资本投资管理。（　）
4．财务预算是财务管理的核心，预算的准确与否直接关系到企业的兴衰成败。（　）
5．财务管理的核心环节是财务决策。（　）
6．在某公司财务目标研讨会上，张经理主张“贯彻合作共赢的价值理念，做大企业的财富蛋糕”，这种观点体现的是利润最大化财务管理目标。（　）
7．对上市公司而言，将股东财富最大化作为财务管理目标的缺点之一是不容易被量化。（　）
8．解聘是通过市场约束经营者的措施。（　）
9．相关者利益最大化是指与企业利益相关的所有者、债权人和经营者的利益最大化。（　）
10．不论是公司制企业还是合伙企业，股东或合伙人都面临双重课税问题：即在缴纳企业所得税后，还要缴纳个人所得税。（　）
11．在协调所有者与经营者矛盾的方法中，“接收”是一种通过所有者来约束经营者的方法。（　）
12．收回借款或停止借款是协调所有者与经营者之间矛盾的方法。（　）
13．在利益冲突协调中，所有者与经营者的利益冲突协调方法主要有约束措施和激励措施。（　）
14．在经济衰退初期，公司一般应当出售多余设备，停止长期采购。（　）
15．公司治理结构属于财务管理经济环境构成要素。（　）
16．金融市场可以划分为货币市场和资本市场，股票市场属于资本市场。（　）

17. 从资金的借贷关系看，利率是一定时期运用资金资源的交易价格。（　　）

18. 不考虑其他因素的影响，通货膨胀一般导致市场利率下降，从而降低了企业的筹资难度。（　　）

19. 公司以股东财富最大化作为财务管理目标，意味着公司创造的财富应首先满足股东期望的回报要求，然后再考虑其他利益相关者。（　　）

四、思考题

1. 综合分析具有代表性的财务管理目标的四种观点的主张、理由和存在的问题。
2. 分析财务管理环境对企业财务管理的影响。

案例分析

案例一：吉利收购沃尔沃

2010 年 3 月 28 日，吉利控股集团宣布与福特汽车签署最终股权收购协议，以 18 亿美元的代价获得沃尔沃轿车公司 100% 的股权以及相关资产（包括知识产权）这是中国汽车制造商最大的一笔海外收购。

1999 年，福特为并购沃尔沃支付了 64.5 亿美元。根据吉利与福特签订的正式协议，吉利只需 18 亿美元就可将其收入囊中，是一桩接近 2.8 折的买卖。但是，18 亿美元只是“首付”，后续沃尔沃还需大量投入。

随后举行的吉利收购沃尔沃新闻发布会上，吉利首度公开表示，此次收购以及后续发展共需 27 亿美元，其中 18 亿美元用于并购，9 亿美元用于后续公司运营。但吉利 18 亿美元从何而来，一直备受业界关注。

吉利集团副总裁、首席财务官尹大庆表示，此次收购沃尔沃的 27 亿美元资金中一半来自于国内，另外一半则是国外的资金。尹大庆透露，“国内的资金中，50% 以上是吉利的自有资金”。这意味着，自有资金占吉利用于收购沃尔沃和后续发展所需 27 亿美元的 25% 以上。尹大庆称，其余资金来自于中国主权银行的并购资金；而境外的资金中，来自于美国、欧洲、中国香港。”据了解，目前中国银行浙江分行与伦敦分行牵头的财团承诺为吉利提供 5 年期贷款，金额近 10 亿美元，吉利还与中国进出口银行签署了贷款协议。此外，还有部分资金可能来自欧盟银行。

吉利集团董事长李书福在随后的发布会上，首先对政府部门和相关金融机构表示了感谢。对于外界关心的收购资金来源，李书福表示，目前所有的收购资金已经到位，同时吉利集团也准备好了沃尔沃轿车今后业务发展所需的营运资金贷款。“沃尔沃不是有钱就能买的，也不是没钱就买不到的。”李书福说。李书福与福特方面曾有过一段对话。福特方面问李书福：“收购的钱你准备好了，那运营的钱你准备好了吗？”李书福则回答：“我的钱全用来收购了，今后发展的钱要靠我们一起来赚。”昨日，李书福对媒体表示，收购沃尔沃不能仅依靠输血，而是要尽快造血，沃尔沃需要马上盈利。

2010年8月2日下午，吉利集团与福特汽车公司在伦敦举行沃尔沃资产交割仪式。吉利集团宣布，圆满完成对沃尔沃轿车公司的全部股权收购。由于针对养老金义务和运营资本、欧元贬值等因素作出调整，吉利控股集团吉利最终以15亿美元完成并购交割，其中13亿美元以现金支付、2亿美元为福特提供卖方短期融资而开出的票据。

此次交易得到中国、瑞典两国的高度重视，中国工信部部长李毅中以及瑞典副总理兼企业能源部长 Maud Olofsson 出席了签署仪式。作为中国汽车业最大规模的海外收购案，吉利上演了中国车企“蛇吞象”的完美大戏。

请观看吉利收购沃尔沃的相关视频，上网查看央视关于“18亿美元吉利迎娶沃尔沃”的专题报道，网址：http：//jingji. cntv. cn/special/jili/01/，查阅有关吉利收购沃尔沃过程的补充阅读资料。

结合本章所学内容思考以下问题：

(1) 吉利收购沃尔沃的这一过程中，吉利需要做哪些财务活动?

(2) 吉利能够成功收购沃尔沃的环境因素是什么?

案例二：电子元器件生产企业财务问题解决

小李的叔叔有一家电子元器件生产企业，公司的发展规模在最近几年迅速扩张，而小李的叔叔原来是从事技术管理工作的，对公司的财务管理不够了解。小李在大学里学的是财务管理专业，毕业后，他的叔叔邀请他到公司做财务工作。小李很感谢叔叔对他的信任，接受了邀请。经过一段时间的工作，小李对公司的情况有了初步的了解，发现公司存在如下问题：

(1) 产品质量控制不严格，有的工序没有质量检验程序。

(2) 产品销售价格不平衡，存在不同客户不同价格的现象。

(3) 采购存货无计划，导致某些存货积压时间很长。

(4) 员工工作积极性不高，存在“磨洋工”现象。

(5) 企业没有现金收支计划，资金周转困难时就靠银行贷款解决，企业无法预计未来可能出现的现金盈亏。

请思考：

(1) 上述问题中，哪些属于财务管理问题?

(2) 如果你是小李，你应该从哪些方面帮助解决上述问题?

案例三：“两难”问题如何解决

软件开发公司最近推出了一套适用于金融机构、大公司和政府部门处理和存储，包括税收、自动转账等财务数据的系统软件。这项产品的技术开发权属于该软件开发公司，但预计其竞争者很快也能推出类似产品，因此，尽管该产品的实验室测试阶段的工作还没有完成，公司还是提早将该产品推向了市场。现在，测试工作已经完成，其结果显示，该系统在有些数据的恢复和处理上存在缺陷。但是，测试结果不是结论性的，而且即使新的测试结果证实确实存在这种缺陷，出现的概率也只有亿分之一。现在还不知道这一缺陷会对财务处理产生什么后果。

假设你是该软件开发公司的一位高级管理人员，你的薪酬与公司业绩直接挂钩。你知道，如果召回缺陷产品，必然会导致股票价格的下跌，你的薪酬也会下降。更主要的是，你刚刚根据你对未来几年的收入预期买了一栋昂贵的房子，如果公司的新系统项目不成功，就无法付款。

请思考：

（1）作为一名高级执行官，你觉得应该做出怎样的决策？

（2）你是否应当建议公司召回问题产品，直到检测结果满意为止？

（3）你是否有其他解决办法？

2 项目二 财务管理的价值观念认知

知识回顾

一、货币时间价值

(一) 货币时间价值的基本概念 (如表2-1所示)

表2-1

货币时间价值定义	货币时间价值是指货币在周转使用中产生的价值增值，也称为资金的时间价值，相当于没有风险也没有通货膨胀情况下的社会平均资金利润率
资金时间价值表现形式	终值，又称本利和，是现在一定量的资金折算到未来某一时点所对应的金额，通常记作F
	现值，又称本金，是指未来某一时点上的一定量的资金折算到现在所对应的金额，通常记作P
	现值和终值是一定量资金在前后两个不同时点上对应的价值，其差额即为货币的时间价值
资金时间价值的计算方式	单利，就是每期都按初始本金计算利息，利息必须在提出以后再以本金形式投入才能生利，否则不能生利
	复利，是指每经过一个计息期，要将该期所派生的利息加入本金再计算利息，逐期滚动计算，俗称"利滚利"

(二) 一次性收付款项的终值与现值的计算 (如表2-2所示)

表2-2

项目	内容
一次性收付款项	一次性收付款项是指在某一特定时点上一次性支出或收入，经过一段时间后再一次性收回或支出的款项
单利	单利终值：$F = P + I = P(1 + i \cdot n)$ 单利现值：$P = F - I = \dfrac{F}{1 + i \cdot n}$

续表

项目	内容
复利	复利终值：$F = P(1+i)^n$ 或 $F = P\cdot(F/P,i,n)$ 复利现值：$P = \frac{F}{(1+i)^n}$ 或 $P = F\cdot(P/F,i,n)$ 名义利率与实际利率：$i = (1+\frac{r}{m})^m - 1$ 通货膨胀情况下的实际利率：实际利率 $= \frac{1+名义利率}{1+通货膨胀率} - 1$

（三）年金终值与现值的计算

1. 年金的概念与分类（如表 2-3 所示）

表 2-3

年金	年金是指在一定时期内，每隔相同时间收付相等金额的系列款项，通常用 A 表示 三个要点：定期、等额、系列收付款项	
种类	普通年金（后付年金）	每期期末有等额收付款项的年金
	即付年金（先付年金）	每期期初有等额收付款项的年金
	递延年金	第一次收付款项发生时间不在第一期期末，而是间隔若干期后才发生的系列等额收付款项，是普通年金的特殊形式
	永续年金	一种无限期等额支付的年金

2. 年金终值与现值的计算（如表 2-4 所示）

表 2-4

项目	基本公式
普通年金终值	$F = A\cdot\frac{(1+i)^n-1}{i}$ 或 $F = A\cdot(F/A,\ i,\ n)$
偿债基金	$A = F\cdot\frac{i}{(1+i)^n-1}$ 或 $A = F\cdot(A/F,i,n)$
普通年金现值	$P = A\cdot\frac{1-(1+i)^{-n}}{i}$ 或 $P = A\cdot(P/A,i,n)$
年资本回收额	$A = P\cdot\frac{i}{1-(1+i)^{-n}}$ 或 $A = P\cdot(A/P,i,n)$
即付年金终值	$F = A\cdot(F/A,\ i,\ n)\ (1+i)\ = A\ [(F/A,\ i,\ n+1)-1]$
即付年金现值	$P = A\cdot(P/A,\ i,\ n)\ (1+i)\ = A\ [(P/A,\ i,\ n-1)+1]$
递延年金终值	$F = A\cdot(F/A,\ i,\ n)$，“n”表示 A 的个数，与递延期无关
递延年金现值	(1) 把递延年金视为 n 期的普通年金，先求出递延年金在 n 期期末（m 期期初）的现值，再将它作为终值折现到 m 期期初，其计算公式为： $P = A\cdot(P/A,\ i,\ n)\cdot(P/F,\ i,\ m)$ (2) 先假设递延期也发生收支，即变成一个（$m+n$）期的普通年金，求出（$m+n$）期的普通年金现值，再扣除没有发生收支的 m 期递延期的普通年金现值，其计算公式为： $P = A\cdot[(P/A,\ i,\ m+n)-(P/A,\ i,\ m)]$
永续年金	现值：$P = \frac{A}{i}$ 终值 $= \infty$

(四) 利率的计算

计算步骤:

(1) 根据复利终值、复利现值、年金终值和年金现值的计算公式，可以得出各换算系数。

(2) 根据换算系数和有关系数表求利率。

(3) 在内插法下，假定利率 i 与相关的系数在较小范围内线性相关，可根据临界系数 β_1、β_2 和临界利率 $i_1 i_2$，计算出 i，公式为:

$$i = i_1 + \frac{\beta_1 - \alpha}{\beta_1 - \beta_2} \cdot (i_2 - i_1)$$

二、风险与报酬

(一) 风险的概念与种类 (如表2-5所示)

表2-5

风险	风险是指预期结果的不确定性。风险不仅包括负面效应的不确定性，还包括正面效应的不确定性	
种类	系统风险 (不可分散风险)	系统风险是指由于某些因素给所有企业都带来影响的风险。由于系统风险是影响到整个资本市场的风险，所以也称“市场风险”。由于系统风险没有有效的方法消除，因此，又称不可分散风险。不可分散风险的程度，通常用β系数来计量
	非系统风险 (可分散风险)	非系统风险是指个别事件和因素对某个行业或某个企业产生影响的风险。这种个别事件和因素的变化只对某个行业或某个企业产生影响。这种风险可通过分散投资来抵消，又称可分散风险

(二) 风险的衡量 (如表2-6所示)

表2-6

指标	计算公式	结论
期望报酬率	$\bar{R} = \sum_{i=1}^{n} R_i P_i$	它反映随机变量取值的平均化，表示最有可能出现的结果值，不能直接用来衡量风险
标准离差	$\delta = \sqrt{\sum_{i=1}^{n} (R_i - \bar{R})^2 \cdot P_i}$	期望值相同的情况下，标准离差越大，风险越大
标准离差率	$V = \frac{\delta}{\bar{R}}$	期望值不同的情况下，标准离差率越大，资产的相对风险越大；标准离差率越小，相对风险越小

(三) 风险与报酬的关系

投资者由于冒风险进行投资而要求获得的超过货币时间价值的那部分报酬，通常被称为风险报酬，用风险报酬率表示。风险报酬的大小与所冒风险的大小成正比，风险越大，要求的风险报酬率越高。这样投资者冒风险投资的期望报酬率就包括无风险报酬率和风险报酬率两部分，即：

期望报酬率 = 无风险报酬率 + 风险报酬率

其中，无风险报酬率 = 纯利率（货币的时间价值）+ 通货膨胀补偿率

无风险报酬率就是到期一定能获得的报酬率。如果不考虑通货膨胀，无风险报酬率就是货币的时间价值，是最低的社会平均报酬率，一般会把投资于国库券的报酬率视为无风险报酬率。

风险报酬率是投资者冒风险进行投资的额外报酬率，与风险大小有关，风险越大，要求的报酬率越高。风险报酬率的大小取决于两个因素：风险的大小和投资者对风险的偏好。

如果有多个投资方案可供选择，进行投资决策的原则是：投资报酬率越高越好，风险程度越低越好。具体来说：①如果两个投资方案的期望报酬率基本相同，应该选择标准离差率比较低的方案；②如果两个投资方案的标准离差率基本相同，应该选择期望报酬率比较高的方案；③如果甲方案期望报酬率高于乙方案，而其标准离差率低于乙方案，则应该选择甲方案；④如果甲方案期望报酬率高于乙方案，而其标准离差率也高于乙方案，则不能一概而论，而要取决于投资者对待风险的态度。

（四）证券投资组合的风险与报酬（如表 2 - 7 所示）

表 2 - 7

指标	含义	计算公式
证券投资组合的期望报酬率	指组合中单项证券的期望报酬率的加权平均值，权数为整个组合中投入各项证券的资金占总投资额的比重	$\overline{R_p} = \sum_{i=1}^{n} W_i \overline{R_i}$
证券投资组合的风险	投资组合的风险并非组合内部单项资产的标准离差的加权平均数。对于可分散风险，我们可以通过持有证券的多样化将其有效地分散掉；对于市场风险，则无法通过分散化投资将其消除 单项证券或证券组合受市场风险影响的程度可以通过系统风险系数（β 系数）来衡量 证券投资组合的 β 系数是所有单项资产 β 系数的加权平均数，权数为各种资产在投资组合中所占的比重	$\beta_p = \sum_{i=1}^{n} (W_i \times \beta_i)$
证券投资组合的风险报酬率	证券组合投资要补偿的是市场风险，而不要求对可分散风险进行补偿 证券组合的风险报酬率是投资者因承担不可分散风险而要求的，超过时间价值的那部分额外报酬率	$R_p = \beta_p \times (R_m - R_f)$

（五）资本资产定价模型（CAPM 模型）

资本资产定价模型，在市场均衡时证券要求报酬率与证券的市场风险（系统性风险）间的线性关系。资本资产定价模型认为，只有系统风险才需要补偿，非系统风险可以通过资产组合分散掉。CAPM 用公式表示为：

$$R_i = R_f + \beta_i(R_m - R_f)$$

三、债券和股票估价

(一)债券的估价

1. 债券的要素(如表2-8所示)

表2-8

债券要素	内容
债券的面值	包括币种和票面金额。币种取决于债券发行的地区及对象。票面金额是债券到期时偿还本金的金额,票面金额印在债券上,固定不变,到期必须足额偿还
债券的期限	债券从发行之日起至到期之日止之间的时间
债券的利率	债券上注明年利率,利率有固定的也有浮动的。面值与利率相乘即为年利息
债券的到期日	债券的到期日是指偿还本金的日期
债券的发行价格	一是按债券面值等价发行;二是按低于债券面值折价发行;三是按高于债券面值溢价发行

2. 债券估价的模型(如表2-9所示)

表2-9

名称		内容	公式
基本模型		每期计算并支付利息、到期归还本金	$V = \frac{I_1}{(1+R)^1} + \frac{I_2}{(1+R)^2} + \cdots + \frac{I_n}{(1+R)^n} + \frac{M}{(1+R)^n} = \sum_{t=1}^{n} \frac{I_t}{(1+R)^t} + \frac{M}{(1+R)^n}$
扩展模型	典型债券	固定利率债券,每期计算并支付利息、到期归还本金	$V = I \times (P/A,R,n) + M \times (P/F,R,n)$
扩展模型	一次还本付息且不计算复利的债券	我国很多债券属于一次还本付息且不计复利的债券	$V = (M + I \times n) \times (P/F,R,n)$
扩展模型	零息债券	债券以贴现方式发行,到期按面值偿还,这种债券被称为“零息债券”	$V = M \times (P/F,R,n)$
扩展模型	永久债券	是指没有到期日,永不停止支付利息的债券	$V = \frac{I}{R}$

3. 债券投资报酬的衡量（如表 2－10 所示）

表 2－10

内容	模型
债券到期报酬率是指自企业债券购买日至到期日可获得的报酬率。是指使债券投资未来现金流入的现值等于债券买入价格时的折现率，是净现值为零的折现率	$P=\frac{I_1}{(1+i)^1}+\frac{I_2}{(1+i)^2}+\cdots+\frac{I_n}{(1+i)^n}+\frac{M}{(1+i)^n}$ 在上式中将折现率 i 求解出来，即为债券到期收益率
简便计算法	到期报酬率 $=\frac{I+(M-P)/N}{(M+P)/2}$

（二）股票估价

1. 股票投资的基本内容（如表 2－11 所示）

表 2－11

含义	股票投资是指企业购买其他企业发行的股票以获取股利或股票买卖的价差收益并持有股票的一种投资活动	
目的	为了获取股利收入及股票买卖价差，或为了配合企业对资金的需求，调剂现金的余缺，使现金余额达到合理的水平	购买某一公司的大量股票达到控制该公司的目的
策略	不应把大量资金投资于某一种股票上，应采用证券组合投资以分散风险	应将资金集中投放在被投资公司股票上以实现控股的目的
类型	普通股和优先股	

2. 股票估价模型（如表 2－12 所示）

股票估价是为了确定股票的内在价值。一般情况下，只有当股票价值大于股票价格时，进行投资才是有利的选择。股票价值是指股票为投资者带来的未来现金流入的现值。股票给投资者带来的现金流入量包括两部分：股利收入和未来出售时的售价。

表 2－12

名称	内容	公式
基本模型	不论投资者是否永久持有股票，普通股的预期现金流量只包括未来的预期股利	$P_0=\sum_{t=1}^{\infty}\frac{D_t}{(1+R_s)^t}$
长期持有、股利零成长股票的估价模型	假设每年股利固定不变，即预期股利增长为零，则所获取的股利收入是一个永续年金	$P_0=\frac{D}{R_s}$
长期持有、股利固定成长股票的估价模型	固定成长股票是指股份公司每年向股东支付的股利是稳定增长的	假设股份公司今年的股利为 D_0，预期未来股利增长率为 g，则 t 年的股利应为： $D_t=D_0\times(1+g)^t$ 固定成长股票的价值为： $P_0=\sum_{t=1}^{\infty}\frac{D_0\times(1+g)^t}{(1+R_s)^t}$ 通常情况下 $R_s>g$，则上式可简化为： $P_0=\frac{D_1}{R_s-g}$

续表

名称	内容	公式
非固定成长股票估价模型	在实际中，有些公司股利是不固定的。例如，在一段时期内高速增长，在另一段时期内正常增长或固定不变	分段计算确定股票价值，步骤为： ①计算出非固定增长期间的股利现值 ②根据固定增长股票估价模型，计算非固定增长期结束时股票价值，并求其现值 ③上述两个步骤求得的现值加在一起，所得的就是阶段性增长股票的价值

3. 普通股期望报酬率的衡量（如表2－13所示）

$$R_s = \frac{D_1}{P_0} + g$$

股票总报酬率＝预期股利收益率＋预期资本利得收益率

表2－13

预期股利收益率	预期股利收益率是根据预期现金股利除以当前股价计算出来的
资本利得收益率	股利的增长速度也就是股价的增长速度，可以根据公司的可持续增长率估计

P_0是股票市场形成的价格，只要能预计出下一期的股利，就可以估计出股东预期报酬率，在有效市场中它就是与该股票风险相适应的必要报酬率。

只有股票的预期报酬率高于投资人要求的必要报酬率，投资才是有利的资；反之，如果期望报酬率低于股东要求的必要报酬率，他将不会投资该股票。

4. 优先股估价

优先股则相当于永久债券。优先股估价公式如下：

$$P_0 = \frac{D}{R_s}$$

优先股的股息通常是固定的，优先股的期望报酬率估计如下：

$$R = \frac{D}{P}$$

职业能力训练

一、单选题

1. 下列各项中，与普通年金现值系数互为倒数的是（　　）。

A. 预付年金终值系数　　B. 普通年金终值系数

C. 偿债基金系数　　D. 资本回收系数

2. 下列可以用来表示货币时间价值的指标是（　　）。

A. 企业债券利率

B. 社会平均利润率

C. 通货膨胀率极低情况下的国债利率

D. 无风险报酬率

3. 一定时期内每期期初等额收付的系列款项是（　　）。

A. 预付年金　　B. 永续年金

C. 递延年金　　D. 普通年金

4. 某公司2021年1月1日投资建设一条生产线，投资期3年，营业期8年，建成后每年净现金流量均为500万元。该生产线净现金流量的年金形式是（　　）。

A. 普通年金　　B. 预付年金

C. 递延年金　　D. 永续年金

5. 某公司拟于5年后一次还清所欠债务10 000元，假定银行利息率为10%，5年10%的年金终值系数为6.1051，5年期10%的年金现值系数为3.7908，则应从现在起每年年末等额存入银行的偿债基金为（　　）元。

A. 1 637.97　　B. 2 637.97

C. 37 908　　D. 61 051

6. 某公司从本年度起每年年末存入银行一笔固定金额的款项，若采用最简便算法计算第n年年末可以从银行取出的本利和，则应选用的时间价值系数是（　　）。

A. 复利终值系数　　B. 复利现值系数

C. 普通年金终值系数　　D. 普通年金现值系数

7. 根据货币时间价值理论，在普通年金现值系数的基础上，期数减1、系数加1的计算结果，应当等于（　　）。

A. 递延年金现值系数　　B. 后付年金现值系数

C. 预付年金现值系数　　D. 永续年金现值系数

8. 永续年金是（　　）的特殊形式。

A. 普通年金　　B. 偿债基金

C. 预付年金　　D. 递延年金

9. 企业年初借得100 000元贷款，10年期，年利率10%，每年年末等额偿还。已知年金现值系数（P/A，10%，10）=6.1446，则每年应付金额为（　　）元。

A. 16 274　　B. 10 000

C. 61 446　　D. 26 285

10. 某单位拟建立一项基金，从今年初开始，每年年初存入银行10 000元，若年利率为8%，（F/A，8%，5）=5.866 6，5年后该项基金的本息和为（　　）。

A. 63 359　　B. 58 666

C. 55 061　　D. 45 061

11. 某项年金，前3年初无现金流入，后5的每年年初流入500万元，若年利率为10%，其现值为（　　）。提示：（P/A，10%，7）=4.8684，（P/A，10%，2）=1.7355，（P/A，10%，5）=3.7908，（P/F，10%，2）=0.8264

A. 2 434　　B. 3 053

C. 1 424　　D. 1 566

12. 在下列各项中，无法计算出确切结果的是（　　）。

A. 后付年金终值　　B. 预付年金终值

C. 递延年金终值　　D. 永续年金终值

13. 在利率和计算期相同的条件下，以下公式中，正确的是（　　）。

A. 普通年金终值系数×普通年金现值系数=1

B. 普通年金终值系数×偿债基金系数=1

C. 普通年金终值系数×投资回收系数=1

D. 普通年金终值系数×预付年金现值系数=1

14. 某项永久性奖学金，每年计划颁发10万元奖金。若年复利率为8%，该奖学金的本金应为（　　）元。

A. 6 250 000　　B. 5 000 000

C. 1 250 000　　D. 4 000 000

15. 已知（F/A，10%，9）=13.579，（F/A，10%，11）=18.531。则10年，10%的预付年金终值系数为（　　）。

A. 17.531　　B. 15.937

C. 14.579　　D. 12.579

16. 已知（P/A，10%，10）=6.1446，则10年，10%的预付年金现值系数为（　　）。

A. 6.7591　　B. 6.1446

C. 5.5793　　D. 7.5792

17. 企业年初借得50 000元贷款，10年期，年利率12%，每年末等额偿还。已知年金现值系数（P/A，12%，10）=5.6502，则每年应付金额为（　　）元。

A. 8 849　　B. 5 000

C. 6 000　　D. 28 251

18. 如果实际利率为10%，通货膨胀率为2%，则名义利率为（　　）。

A. 8%　　B. 7.84%

C. 12.2%　　D. 12%

19. 某公司向银行借入12 000元，借款期为3年，每年的还本付息额为4 600元，（P/A，7%，3）=2.6243，（P/A，8%，3）=2.5771，则借款利率为（　　）。

A. 6.53%　　B. 7.32%

C. 7.68%　　D. 8.25%

20. 下列有关名义利率和实际利率之间关系的说法，不正确的是（　　）。

A. 若每年计算一次复利，实际利率等于名义利率

B. 如果按照短于1年的计息期计算复利，实际利率高于名义利率

C. 实际利率=名义利率/一年计息的次数

D. 实际利率=$(1+\text{名义利率}/\text{一年计息的次数})^{\text{一年计息的次数}}-1$

21. 一项500万元的借款，借款期5年，年利率为8%，若每半年复利一次，年实

际利率会高出名义利率（　　）。

A. 0.16%　　B. 8.16%

C. 0.08%　　D. 8.08%

22. 某企业于每半年末存入银行10 000元，假定年利息率为6%，每年复利两次。已知（F/A，3%，5）=5.3091，（F/A，3%，10）=11.464，（F/A，6%，5）=5.6371，（F/A，6%，10）=13.181，则第5年末的本利和为（　　）元。

A. 53 091　　B. 56 371

C. 114 640　　D. 131 810

23. 某企业于年初存入银行10 000元，假定年利率为12%，每年复利两次。已知（F/P，6%，5）=1.3382，（F/P，6%，10）=1.7908，（F/P，12%，5）=1.7623，（F/P，12%，10）=3.1058，则第5年末的本利和为（　　）元。

A. 13 382　　B. 17 623

C. 17 908　　D. 31 058

24. 根据财务管理的理论，公司特有风险通常是（　　）。

A. 不可分散风险　　B. 非系统风险

C. 基本风险　　D. 系统风险

25. 下列各项中，不能通过证券组合分散的风险是（　　）。

A. 非系统性风险　　B. 公司特别风险

C. 可分散风险　　D. 市场风险

26. 某项目的期望报酬率为14%，风险报酬率为9%，报酬率的标准差为2%，则该项目报酬率的标准差率为（　　）。

A. 0.29%　　B. 22.22%

C. 14.29%　　D. 0.44%

27. 已知甲乙两个方案投资报酬率的期望值分别为10%和12%，两个方案都存在投资风险，在比较甲乙两方案风险大小时应使用的指标是（　　）。

A. 标准离差率　　B. 标准离差

C. 协方差　　D. 方差

28. 某企业拟进行一项存在一定风险的完整工业项目投资，有甲、乙两个方案可供选择。已知甲方案报酬的期望值为1 000万元，标准离差为300万元；乙方案报酬的期望值为1 200万元，标准离差为330万元。下列结论中正确的是（　　）。

A. 甲方案优于乙方案

B. 甲方案的风险大于乙方案

C. 甲方案的风险小于乙方案

D. 无法评价甲乙方案的风险大小

29. 企业进行多元化投资，其目的之一是（　　）。

A. 追求风险　　B. 消除风险

C. 减少风险　　D. 接受风险

30. 如果$\beta > 1$，表明（　　）。

A. 单项资产的系统风险与市场投资组合的风险情况一致

B. 单项资产的系统风险大于整个市场投资组合的风险

C. 单项资产的系统风险小于整个市场投资组合的风险

D. 单项资产的系统风险

31. 在证券投资中，通过随机选择足够数量的证券进行组合可以分散掉的风险是（　　）。

A. 所有风险　　B. 市场风险

C. 系统性风险　　D. 非系统性风险

32. 已知某公司股票的β系数为0.8，短期国债报酬率为5%，市场组合报酬率为10%，则该公司股票的必要报酬率为（　　）。

A. 5%　　B. 8%

C. 9%　　D. 10%

33. 根据资本资产定价模型，当股票投资必要报酬率等于无风险投资报酬率时，β系数应（　　）。

A. 大于1　　B. 等于1

C. 小于1　　D. 等于0

34. 某投资组合的风险报酬率为10%，市场组合的平均报酬率为12%，无风险报酬率为8%，则该投资组合的β系数为（　　）。

A. 2　　B. 2.5

C. 1.5　　D. 5

35. 某公司发行的股票，投资人要求的必要报酬率为20%，最近刚支付的股利为每股2元，估计股利年增长率为10%，则该种股票的价值（　　）元。

A. 20　　B. 24

C. 22　　D. 18

36. 如果不考虑影响股价的其他因素，固定成长股票的价值（　　）。

A. 与市场利率成正比

B. 与预期股利成反比

C. 与预期股利增长率成正比

D. 与预期股利增长率成反比

37. 已知某种证券的β系数为1，则表明该证券（　　）。

A. 基本没有投资风险

B. 与市场上的所有证券的平均风险一致

C. 投资风险很低

D. 比市场上的所有证券的平均风险高一倍

38. 面值为60元的普通股票，预计年固定股利收入为6元，如果折现率为8%，那么，准备长期持有该股票的投资者不能接受的购买价格为（　　）元。

A. 60　　B. 80

C. 75　　D. 65

二、多选题

1. 某公司取得3 000万元的贷款，期限为6年，年利率为10%，每年年初偿还等额本息，则每年年初应支付金额的计算正确的有（　　）。

A. 3 000/[（P/A，10%，5）+1]

B. 3 000/[（P/A，10%，7）-1]

C. 3 000/[（P/A，10%，6）/(1+10%）]

D. 3 000/[（P/A，10%，6）×(1+10%）]

2. 下列各项中，属于年金形式的项目有（　　）。

A. 零存整取储蓄存款的整取额　　B. 定期定额支付的养老金

C. 年资本回收额　　D. 偿债基金

3. 已知（P/F，8%，5）=0.6806，（F/P，8%，5）=1.4693，（P/A，8%，5）=3.9927，（F/A，8%，5）=5.8666，则i=8%，n=5时的偿债基金系数和资本回收系数分别为（　　）。

A. 0.1705　　B. 0.6803

C. 0.2505　　D. 0.1895

4. 下列表述中，正确的有（　　）。

A. 复利终值系数和复利现值系数互为倒数

B. 普通年金终值系数和普通年金现值系数互为倒数

C. 普通年金终值系数和偿债基金系数互为倒数

D. 普通年金现值系数和资本回收系数互为倒数

5. 下列各项中，属于公司股票面临的系统性风险有（　　）。

A. 公司业绩下滑　　B. 市场利率波动

C. 宏观经济政策调整　　D. 公司管理层变更

6. 下列关于资本资产定价模型的说法正确的有（　　）。

A. 该模型反映的是资产的必要报酬率而不是实际报酬率

B. 该模型中的资本资产主要指的是债券资产

C. 该模型解释了风险报酬率的决定因素和度量方法

D. 该模型反映了系统性风险对资产必要报酬率的影响

7. 下列各项中，属于企业非系统风险的有（　　）。

A. 经营风险　　B. 利率风险

C. 财务风险　　D. 汇率风险

8. 下列各项中，能够衡量风险的指标有（　　）。

A. 期望值　　B. 标准离差

C. 方差　　D. 标准离差率

9. 下列各项中，属于系统风险的是（　　）。

A. 由于利率上升而导致的价格风险

B. 由于通货膨胀而导致的购买力风险

C. 由于公司经营不善而导致的破产风险

D. 由于利率下降而导致的再投资风险

10. 债券内在价值计算公式中包含的因素有（　　）。

A. 债券市场价格　　B. 债券面值

C. 债券期限　　D. 债券票面价值

11. 构成投资组合的证券A和证券B，其标准差分别为12%和8%，其报酬分别为15%和10%，则下列表述中正确的有（　　）。

A. 两种资产组合的最高报酬率为15%

B. 两种资产组合的最低报酬率为10%

C. 两种资产组合的报酬率有可能会高于15%

D. 两种资产组合的报酬率有可能会低于10%

12. 根据财务管理的理论，公司特有风险通常是（　　）。

A. 可分散风险　　B. 非系统风险

C. 基本风险　　D. 系统风险

13. 下列关于系统风险的说法，不正确的有（　　）。

A. 它是影响所有资产的，不能通过资产组合来消除的风险

B. 它是特定企业或特定行业所特有的

C. 可通过增加组合中资产的数目而最终消除

D. 不能随着组合中资产数目的增加而消失，它是始终存在的

14. 当贝塔系数大于1时，下列表述不正确的有（　　）。

A. 该股票的市场风险大于整个市场股票的风险

B. 该股票的市场风险小于整个市场股票的风险

C. 该股票的市场风险等于整个市场股票的风险

D. 该股票的市场风险与整个市场股票的风险无关

15. 关于股票或股票组合的β系数，下列说法中正确的是（　　）。

A. 作为整体的市场投资组合的β系数为1

B. 股票组合的β系数是构成组合的个股β系数的加权平均数

C. 股票的β系数衡量个别股票的系统风险

D. 股票的β系数衡量个别股票的非系统风险

16. 在下列各项中，能够影响特定投资组合β系数的有（　　）。

A. 该组合中所有单项资产在组合中所占比重

B. 该组合中所有单项资产各自的β系数

C. 市场投资组合的无风险报酬率

D. 该组合的无风险报酬率

17. 按照资本资产定价模型，影响特定股票必要报酬率的因素有（　　）。

A. 无风险报酬率

B. 市场所有股票的平均报酬率

C. 特定股票的β系数

D. 特定股票的价格

三、判断题

1. 某期即付年金现值系数等于（1+i）乘以同期普通年金现值系数。（ ）

2. 企业投资于某公司证券可能因该公司破产而引发无法收回其本金的风险，属于非系统风险。（ ）

3. 公司债券的利率可以代表货币时间价值。（ ）

4. 衡量风险的指标主要有报酬率的期望值、方差、标准离差和标准离差率等。（ ）

5. 证券投资的流动性与风险性成正比。（ ）

6. 任何证券都可能存在违约风险。（ ）

7. 通货膨胀情况下，股票比债券能更好地避免购买力风险。（ ）

8. 根据固定股利增长模型，股票投资内部报酬率由两部分构成，一部分是预期股利收益率 D_1/P_0，另一部分是股利增长率 g_0。（ ）

9. 在资产组合中，单项资产 β 系数不尽相同，通过替换资产组合中的资产或改变资产组合中不同资产的价值比例，可能改变该组合的风险大小。（ ）

10. 人们在进行财务决策时，之所以选择低风险的方案，是因为低风险会带来高收益，而高风险的方案则往往收益偏低。（ ）

11. 对于多个投资方案而言，无论各方案的期望值是否相同，标准离差率最大的方案一定是风险最大的方案。（ ）

12. 单项资产或特定投资组合的必要报酬率受到无风险报酬率 R_f、市场组合的平均报酬率 R_m 和 β 系数三个因素的影响。（ ）

13. 提高资产组合中报酬率高的资产比重可以提高资产组合报酬率。（ ）

14. 在风险分散过程中，随着资产组合中资产数目的增加，分散风险的效应会越来越明显。（ ）

15. 按照资本资产定价模型，某项资产的风险报酬率是等于该资产的系统风险系数与市场风险溢酬的乘积。（ ）

16. 假设某种股票的 β 系数是 0.5，则它的风险程度是市场平均风险的一半。（ ）

17. 当票面利率大于市场利率时，债券发行时的价格大于债券的面值。（ ）

四、计算分析题

1. 某人为了 5 年后能从银行取出 100 元，在年利率 2% 的情况下，求当前应存入金额。

2. 某人拟购房，开发商提出两种方案，一种方案是现在一次性付 80 万元，另一种方案是 5 年后付 100 万元。若目前的银行存款利率是 7%，应如何付款？

3. 某投资项目于 2021 年年初动工，假设当年投产，从投产之日起每年末可得收益 40 000 元。按年利率 6% 计算，计算预期 10 期年收益的现值。

4. 请计算：

（1）某人现在存入银行 10 万元，若存款利率为 4%，则第 5 年末取出多少本利和？

（2）某人计划每年末存入银行 10 万元，连续存 5 年，若存款利率为 4%，则第 5

年末账面的本利和为多少?

(3) 某人希望未来第5年末可以取出10万元的本利和,若存款为利率4%,问现在应存入银行多少钱?

(4) 某人希望未来5年,每年年末都可以取出10万元,若存款为利率4%,问现在应存入银行多少钱?

5. 某人拟在5年后还清10 000元债务,从现在起每年年末等额存入银行一笔款项。假设银行利率为10%,则每年需存入多少元?

6. 某企业借得1 000万元的贷款,在10年内以年利率12%等额偿还,则每年应付的金额为多少?

7. 某公司打算购买一台设备,有两种付款方式:一是一次性支付500万元,二是每年初支付200万元,3年付讫。由于资金不充裕,公司计划向银行借款用于支付设备款。假设银行借款年利率为5%,复利计息。请问公司应采用哪种付款方式?

8. 某企业向银行借入一笔款项,银行贷款的年利率为10%,每年复利一次。银行规定前10年不用还本付息,但从第11年至第20年每年年末偿还本息5 000元。

要求:用两种方法计算这笔款项的现值。

9. 某公司拟购置一处房产,房主提出两种付款方案:

(1) 从现在起,每年年初支付200万元,连续付10次,共2 000万元。

(2) 从第5年开始,每年年初支付250万元,连续支付10次,共2 500万元。

假设该公司的资本成本率(即最低报酬率)为10%,你认为该公司应选择哪个方案?

10. 归国华侨吴先生想支持家乡建设,特地在祖籍所在县设立奖学金。奖学金每年发放一次,奖励每年高考的文理科状元各10 000元。奖学金的基金保存在中国银行该县支行。银行一年的定期存款利率为2%。问吴先生要投资多少钱作为奖励基金?

11. 某公司预计最近两年不发放股利,预计从第三年开始每年年末支付每股0.5元的股利,假设折现率为10%,则现值为多少?

12. A矿业公司决定将其一处矿产10年开采权公开拍卖,因此它向世界各国煤炭企业招标开矿。已知甲公司和乙公司的投标书最具有竞争力,甲公司的投标书显示,如果该公司取得开采权,从获得开采权的第1年开始,每年年末向A公司交纳10亿美元的开采费,直到10年后开采结束。乙公司的投标书表示,该公司在取得开采权时,直接付给A公司40亿美元,在8年末再付给60亿美元。如A公司要求的年投资回报率达到15%,问应接受哪个公司的投标?

13. 郑先生下岗获得50 000元现金补助,他决定趁现在还有劳动能力,先找工作糊口,将款项存起来。郑先生预计,如果20年后这笔款项连本带利达到250 000元,那就可以解决自己的养老问题。问银行存款的年利率为多少,郑先生的预计才能变成现实?

14. 某人投资10万元,预计每年可获得25 000元的回报,若项目的寿命期为5年,则投资回报率为多少?

15. 若第10题中,吴先生存入1 000 000元,奖励每年高考的文、理科状元各10 000元,奖学金每年发放一次。问银行存款年利率为多少时才可以设定成永久性奖励基金?

16. A公司平价发行一种1年期，票面利率为6%，每年付息一次，到期还本的债券；B公司平价发行一种1年期，票面利率为6%，每半年付息一次，到期还本的债券。计算两种债券的实际利率。

17. 年利率为12%，按季复利计息，试求实际利率。

18. 某企业有A、B两个投资项目，两个投资项目的报酬率及其概率分布情况如表2－14所示。

表2－14

项目实施情况	该种情况出现的概率		投资报酬率	
	项目A	项目B	项目A	项目B
好	0.2	0.3	15%	20%
一般	0.6	0.4	10%	15%
差	0.2	0.3	0	-10%

要求：

(1) 估算两项目的预期报酬率。

(2) 估算两项目的标准离差。

(3) 估算两项目的标准离差率。

19. 某公司现有两个投资项目可供选择，有关资料如表2－15所示。

表2－15　甲、乙投资项目的预测信息

市场销售情况	概率	甲项目的报酬率	乙项目的报酬率
很好	0.2	30%	25%
一般	0.4	15%	10%
很差	0.4	-5%	5%

要求：计算甲、乙两项目的预期报酬率、标准差和标准离差率。

20. 某资产组合中有三只股票，有关的信息如表2－16所示，要求计算证券资产组合的β系数。

表2－16　某资产组合的相关信息

股票	β系数	股票的每股市价（元）	股票的数量（股）
A	0.7	4	200
B	1.1	2	100
C	1.7	10	100

21. 当前国债的利率为4%，整个股票市场的平均报酬率为9%，甲股票的β系数为2，问：甲股票投资人要求的必要报酬率是多少？

22. 某公司拟在现有的甲证券的基础上，从乙、丙两种证券中选择一种风险小的证券与甲证券组成一个证券组合，资金比例为6:4，有关的资料如表2－17所示。

表 2-17　　甲、乙、丙三种证券的报酬率的预测信息

可能情况的概率	甲证券在各种可能情况下的报酬率	乙证券在各种可能情况下的报酬率	丙证券在各种可能情况下的报酬率
0.5	15%	20%	8%
0.3	10%	10%	14%
0.2	5%	-10%	12%

要求:

(1) 应该选择哪一种证券?

(2) 假定资本资产定价模型成立,如果证券市场平均报酬率是12%,无风险利率是5%,计算所选择的组合的预期报酬率和β系数分别是多少?

23. 某公司拟进行股票投资,计划购买A、B、C三种股票,并分别设计了甲、乙两种投资组合。已知三种股票的β系数分别为1.5、1.0和0.5,它们在甲种投资组合下的投资比重为50%、30%和20%;乙种投资组合的风险报酬率为3.4%。同期市场上所有股票的平均报酬率为12%,无风险报酬率为8%。

要求:

(1) 根据A、B、C三种股票的β系数,分别评价这三种股票相对于市场投资组合而言的投资风险大小。

(2) 按照资本资产定价模型计算A股票的必要报酬率。

(3) 计算甲种投资组合的β系数和风险报酬率。

(4) 计算乙种投资组合的β系数和必要报酬率。

(5) 比较甲乙两种投资组合的β系数,评价它们的投资风险大小。

24. 某公司持有由甲、乙、丙三种股票构成的证券组合,三种股票的β系数分别是2.0、1.3和0.7,它们的投资额分别是60万元、30万元和10万元。股票市场平均报酬率为10%,无风险利率为5%。假定资本资产定价模型成立。

要求:

(1) 确定证券组合的预期报酬率;

(2) 若公司为了降低风险,出售部分甲股票,使甲、乙、丙三种股票在证券组合中的投资额分别变为10万元、30万元和60万元,其余条件不变。试计算此时的风险报酬率和预期报酬率。

25. 某债券面值1 000元,期限20年,以市场利率作为评估债券价值的贴现率,目前的市场利率10%,如果票面利率分别为8%、10%和12%,

要求:计算债券的内在价值。

26. 某公司在2022年1月1日平价发行新债券,每张面值1 000元,票面利率10%,5年到期,每年12月31日付息(计算过程中至少保留小数点后4位,计算结果保留两位小数)。

要求:

(1) 2022年1月1日购买该债券并持有债券至到期日的内部收益率是多少?

(2) 假定下一年1月1日的市场利率下降到8%,那么此时债券的价值是多少?

（3）假定下一年 1 月 1 日的市价为 1 040 元，此时购买该债券并持有债券至到期日的内部收益率是多少？（分别采用内插法和简便算法进行计算）

27. 假定某投资者准备购买 A 公司的股票，要求达到 12% 的报酬率，该公司今年每股股利 0.8 元，预计未来股利会以 9% 的速度增长，则 A 股票的价值为多少？

28. 假定某投资者准备购买 B 公司的股票，要求达到 12% 的报酬率，该公司今年每股股利 0.6 元，预计 B 公司未来 3 年以 15% 的速度高速成长，而后以 9% 的速度转入正常的成长。

要求：计算 B 股票的价值。

五、综合题

1. 已知甲股票的期望报酬率为 12%，报酬率的标准差为 16%；乙股票的期望报酬率为 15%，报酬率的标准差为 18%。市场组合的报酬率为 10%，市场组合的标准差为 8%，无风险报酬率为 5%。假设市场达到均衡。

要求：

（1）分别计算甲、乙股票的必要报酬率；

（2）分别计算甲、乙股票的 β 值；

（3）假设投资者将全部资金按照 60% 和 40% 的比例投资购买甲、乙股票构成投资组合，计算该组合的 β 系数、组合的风险报酬率和组合的必要报酬率。

2. 甲企业计划利用一笔长期资金投资购买股票。现有 M 公司股票、N 公司股票、L 公司股票可供选择。甲企业只准备投资一家公司股票。已知 M 公司股票现行市价为每股 2.5 元，上年每股股利为 0.25 元，预计以后每年以 6% 的增长率增长。N 公司股票现行市价为每股 7 元，上年每股股利为 0.6 元，股利分配政策将一贯坚持固定股利政策。L 公司股票现行市价为 4 元，上年每股支付股利 0.2 元。预计该公司未来三年股利第 1 年增长 14%，第 2 年增长 14%，第 3 年增长 5%。第 4 年及以后将保持每年 2% 的固定增长率水平。

若无风险利率为 4%，股票市场平均报酬率为 10%，M 公司股票的 β 系数为 2，N 公司股票的 β 系数为 1.5，L 公司股票的 β 系数为 1。

要求：

（1）利用股票估价模型，分别计算 M、N、L 公司股票价值。

（2）代甲企业作出股票投资决策。

案例分析

案例一：要住房还是拿房贴

李博士是成功海归人士，国内某领域的知名专家，某日接到一家上市公司的邀请函，邀请他作为公司的技术顾问，指导开发新产品。邀请函的具体条件如下：

(1) 每个月来公司指导工作一天；

(2) 每年聘金20万元；

(3) 提供公司所在地A市住房一套，价值100万元；

(4) 在公司至少工作6年。

李博士对以上工作待遇很感兴趣，对公司开发的新产品也很有研究，决定应聘。但他不想接受住房，因为每月工作一天，只需要住酒店就可以了，这样住房没有专人照顾，因此他向公司提出，能否将住房改为住房补贴。公司研究了李博士的请求，决定可以在今后6年里每年年初给李博士支付25万元房贴。

收到公司的通知后，李博士又犹豫起来，因为如果向公司要住房，可以将其出售，扣除售价5%的契税和手续费，他可以获得95万元，而若接受房贴，则每年年初可获得25万元。

请回答：

(1) 假设每年存款利率3%，则李博士应该如何选择？

(2) 如果李博士本身是一个企业的业主，其资金的投资回报率为30%，则他又应该如何选择呢？

案例二：大牌体育明星签约的时间价值

大牌体育明星的签约都非常夸张，然而，有时候数字会产生误导。例如，美国橄榄球联盟印第安纳小马队18号——佩顿曼宁，1976年3月24日出生，身高196厘米，体重104公斤，1998年选秀第1顺位加入小马队。7年职业生涯中，5次入选全明星阵容，2003、2004赛季连续获得联盟最有价值球员（MVP）称号。2004赛季常规赛，传出49次达阵，创造NFL纪录。2004年，他和小马签订了9年价值9 200万美元的巨额合同，同时还一次性获得3 400多万美元的签字费。如此，他的平均年薪达到了创纪录的1 400万美元，成为历史上最富有的橄榄球运动员。在这一年，他的收入仅次于泰格·伍兹、沙克·奥尼尔和勒布朗·詹姆斯，在所有体育明星中位居第四。

仔细看看，数字表明佩顿曼宁的待遇的确优厚，但是实际与报出的数字却相差甚远。虽然合约的价值被报道为1.26亿美元，但确切地讲，它要分为9年支付。它包括3 404万美元的签约奖金，以及9 150万美元的工资和未来的奖金。工资分年支付，2004年53.5万美元，2005年66.5万美元，2006年1 000万美元，2007年1 100万美元，2008年1 150万美元，2009年1 400万美元，2010年1 580万美元，2011年和2012年则都是1 400万美元。问：

(1) 当利率为5%时，他能收到的全部酬劳的现值是多少？

(2) 当利率为10%时，他能收到的全部酬劳的现值是多少？

请对上述两种情况，通过时间价值的计算进行分析。

案例三：十字路口的抉择

李女士打算在一个长途汽车站的十字路口开一家餐馆，于是找到十字路口的一家小卖部，提出要求承租该小卖部3年。小卖部的业主洪先生因小卖部受附近超市影响，生意清淡，也愿意清盘让李女士开餐馆，但提出李女士应一次性支付 3 年的使用费 30 万元，李女士觉得现在一次拿出 30 万元比较困难，因此请求缓期支付。洪先生同意 3 年后支付，但金额为 50 万元。

请回答：

（1）若银行贷款利率为 5%，问李女士 3 年后付款是否合算？

（2）假定洪先生要求李女士在未来 3 年中，每年年末支付 12 万元，那么李女士是现在一次付清还是分三次付清更为合算？假设银行贷款利率仍为 5%。

3 项目三 项目投资管理

知识回顾

一、投资及其分类（如表 3－1 所示）

投资一般是指经济主体为了获取经济效益而投入资金或资源用以转化为实物资产或金融资产的行为和过程。从特定企业角度看，投资就是企业为获取收益而向一定对象投放资金的经济行为。

投资是企业生存与发展的基本前提；投资是实现财务管理目标的基本前提；投资是企业控制风险的重要手段。

表 3－1

按照投资活动与企业本身的生产经营活动的关系	直接投资	是指将资金直接投放于形成生产经营能力的实体性资产，直接谋取经营利润的企业投资
	间接投资	是指将资金投放于股票、债券等权益性资产上的企业投资
按照投资的方向不同	对内投资	就是项目投资，是指企业将资金投放于为取得供本企业生产经营使用的固定资产、无形资产、其他资产和垫支流动资金而形成的一种投资
	对外投资	是指企业为购买国家及其他企业发行的有价证券或其他金融产品，或以货币资金、实物资产、无形资产向其他企业（如联营公司、子公司等）注入资金而发生的投资
按照投资的对象	项目投资	是一种以特定项目为对象，直接与新建项目或更新改造项目有关的长期投资行为。项目投资的目的在于改善生产条件、扩大生产能力，以获取更多的利润
	证券投资	是指投资者购买股票、债券、基金等有价证券以及这些有价证券的衍生品，以获取红利、利息及资本利得的投资行为和投证券投资资过程，是间接投资的重要形式
按照投资项目之间的相互关联关系	独立投资	是相容性投资，各个投资项目之间互不关联、互不影响，可以同时并存。独立投资项目决策考虑的是方案本身是否满足某种决策标准
	互斥投资	是非相容性投资，各个投资项目之间相互关联、相互替代，不能同时并存。因此，互斥投资项目决策考虑的是各方案之间的排斥性，互斥决策需要从每个可行方案中选择最优方案

续表

根据投资活动对企业未来生产经营前景的影响	发展性投资	是指对企业未来的生产经营发展全局有重大影响的企业投资，也可以称为战略性投资。发展性投资项目实施后，往往可以改变企业的经营方向和经营领域，或者明显地扩大企业的生产经营能力，或者实现企业的战略重组
	维持性投资	是为了维持企业现有的生产经营正常顺利进行，不会改变企业未来生产经营发展全局的企业投资，也可以称为战术性投资。维持性投资所需的资金不多，对企业生产经营的前景影响不大，投资风险相对也较小

二、项目投资

（一）项目投资程序

1. 提出项目投资的领域和对象
2. 评价投资方案的可行性
3. 投资方案的比较与选择
4. 投资方案再评价
5. 投资方案的执行

（二）项目经济寿命周期的构成

项目经济寿命周期是指投资项目从投资建设开始到最终清理结束整个过程的全部时间，即该项目的有效持续期间。完整的项目经济寿命周期包括投资期（又称建设期）和营业期（如表 3－2 所示）。

表 3－2

项目经济寿命周期	投资期（建设期）	投资期的第一年年初称为建设起点，投资期的最后一年年末称为投产日
	营业期	从投产日到终结点之间的时间间隔称为营业期，营业期包括试产期和达产期（完全达到设计生产能力）两个阶段

项目经济寿命周期、投资期和营业期三者之间的关系可用下式表示：

项目经济寿命周期＝投资期＋营业期

项目经济寿命周期构成如图 3－1 所示。

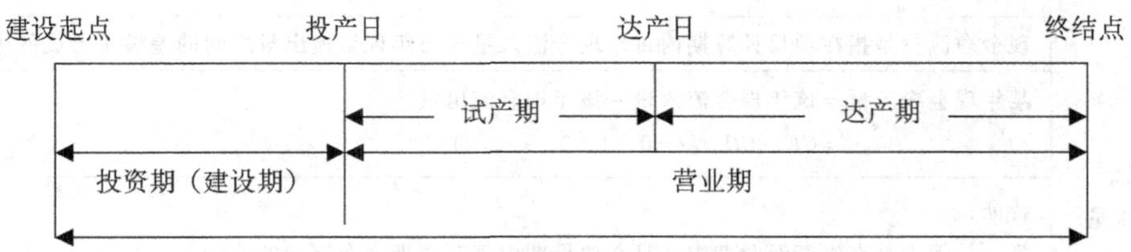

图 3－1 项目经济寿命周期构成

(二) 项目投资金额指标(如表3-3所示)

表3-3

原始投资	又称初始投资，等于企业为使该项目完全达到设计生产能力、开展正常经营而投入的全部现实资金，包括建设投资和流动资金投资两项内容 原始投资=建设投资+流动资金投资
项目投资总额	项目总投资=原始投资+建设期资本化利息 固定资产原值=固定资产投资+建设期资本化利息

三、现金流量概念与分类(如表3-4所示)

表3-4

<table>
<tr><td rowspan="2">概念</td><td colspan="2">现金流量(Cash Flow)是指一个项目投资引起的企业未来一定期间所发生的现金收支</td></tr>
<tr><td colspan="2">注意：这时的“现金”是广义的现金，不仅包括各种货币资金，而且还包括项目投资所需要投入的企业现有的非货币资源的变现价值</td></tr>
<tr><td rowspan="9">分类</td><td rowspan="3">现金流出量CO</td><td>现金流出量是指该项目投资引起企业的现金支出的增加量</td></tr>
<tr><td>主要包括固定资产投资、无形资产投资、长期待摊费用支出和流动资产投资四个部分</td></tr>
<tr><td>现金流出量{
原始投资{
建设投资{固定资产(不含资本化利息)、无形资产、其他资产(开办费、生产准备费)}
流动资金投资}
付现成本=生产经营费用-折旧及摊销
所得税}</td></tr>
<tr><td rowspan="3">现金流入量CI</td><td>现金流入量是指该项目投资引起企业的现金收入的增加量</td></tr>
<tr><td>主要包括营业现金流入、回收固定资产残值和回收流动资金</td></tr>
<tr><td>现金流入量{
营业收入
回收收入{回收固定资产余值、回收流动资金}}</td></tr>
<tr><td rowspan="3">现金净流量NCF</td><td>现金净流量是指在项目计算期内每年现金流入量与每年现金流出量之间的差额所形成的序列指标</td></tr>
<tr><td>某年现金净流量=该年现金流入量-该年现金流出量
$=CI_t-CO_t$ ($t=0, 1, 2, \cdots, n$)</td></tr>
<tr><td>特征：
第一，无论是在生产经营期内还是在建设期内都存在现金净流量的范畴
第二，由于项目计算期不同阶段上的现金流入量和现金流出量发生的可能性不同，使各个阶段上的现金净流量在数值上表现出不同的特点，如建设期内的现金净流量一般小于或等于零；在生产经营期内的现金净流量则多为正值</td></tr>
</table>

四、现金流量预测（如表3－5所示）

表3－5

投资期现金流量	投资阶段的现金流量主要是现金流出量，即在该投资项目上的原始投资，包括长期资产投资和营运资金垫支
	包括： ①固定资产投资 ②无形资产投资 ③其他投资费用 ④营运资金垫支
营业期现金流量	营业现金流量是指投资项目投入使用后，在其寿命期内由于生产经营所带来的现金流入和流出的数量
	营业现金流入量主要是因项目投资使企业增加的营业收入 营业现金流出量主要包括因项目投资使企业增加的付现成本和所得税 付现成本是指每年需要支付现金的成本 成本中不需要每年支付现金的部分称为非付现成本，其中主要是折旧与摊销
	营业现金净流量＝营业收入－付现成本－所得税 付现成本＝营业成本－非付现成本 营业现金净流量＝营业收入－（营业成本－非付现成本）－所得税 ＝净利润＋非付现成本 ＝(营业收入－营业成本)×(1－所得税税率)＋非付现成本
终结期现金流量	终结现金流量是指项目经济寿命完结时发生的现金流量
	主要包括： ①固定资产的变价净收入 ②垫支的营运资金的收回
现金流量的预测步骤	①计算各方案的年折旧额 ②预测各方案的营业现金流量 ③结合投资期初始现金流量和终结期现金流量确定各备选方案的全部现金流量

五、项目投资财务评价指标

(一) 静态评价指标

1. 静态投资回收期(如表3-6所示)

表3-6

概念	静态投资回收期是指在不考虑资金时间价值的情况下，以投资项目经营净现金流量抵偿原始总投资所需要的全部时间。它代表收回投资所需要的年限。回收年限越短，项目越有利
计算方法	①如果某一项目运营期内前若干年每年的营业净现金流量(NCF)相等，且其合计大于或等于建设期发生的原始投资合计，则投资回收期可按下列公式计算： $不包括建设期的投资回收期(PP') = \frac{建设期发生的原始投资合计}{运营期内前若干年每年相等的净现金流量}$ 包括建设期的投资回收期(PP)=不包括建设期的投资回收期+建设期 ②如果每年的营业净现金流量(NCF)不相等，计算投资回收期要逐年计算累计现金净流量和各年尚未回收的投资额，来确定包括建设期的投资回收期，再推算出不包括建设期的投资回收期 $包括建设期的投资回收期(PP) = 累计现金净流量最后一次出现负值的年数 + \frac{当年累计现金净流量绝对值}{下年现金净流量}$ 不包括建设期的投资回收期(PP')=包括建设期的投资回收期-建设期
决策原则	设定一个标准投资回收期 单项方案决策，如果该项目的投资回收期短于标准回收期，此方案可行，否则方案不可行 多个备选方案的互斥决策中，投资回收期短于标准回收期且最短的方案为优
指标评价	优点：计算简便；容易为决策人理解；可以直接利用回收期之前的净现金流量信息，可以大体上衡量项目的流动性和风险 缺点：没有考虑货币的时间价值；没有考虑回收期满后的现金流量状况。仅作为投资项目财务可行性分析的次要指标

2. 会计报酬率(如表3-7所示)

表3-7

概念	会计报酬率是投资项目年平均净利润占原始投资额的比率
计算方法	$会计报酬率 = \frac{年平均净利润}{原始投资额} \times 100\%$
决策原则	设定一个必要投资收益率 在单项方案决策中，如果该项目的会计报酬率高于必要投资收益率，此方案可行，否则方案不可行 在多个备选方案的互斥决策中，选用会计报酬率高于必要投资收益率且最高的方案
指标评价	优点：计算简便，易于理解；使用财务报告的数据，容易取得；考虑了整个项目寿命期的全部利润 缺点：没有考虑资金的时间价值；没有利用现金流量信息。只能作为投资项目财务可行性分析的辅助指标

（二）动态评价指标

1. 净现值（如表3－8所示）

表3－8

概念	净现值是指在项目计算期内，按照预定的折现率计算的所有现金净流量的现值之和，是投资方案未来现金流入量现值与现金流出量现值之间的差额
计算方法	净现值(NPV) ＝ $\sum_{t=0}^{n}$（第 t 年的现金净流量 × 第 t 年的复利现值系数） 或：净现值（NPV）＝现金流入量现值－现金流出量现值 计算步骤： ①计算出各期的现金净流量 ②按设定的折现率，将投资项目各期所对应的复利现值系数通过查表确定下来 ③将各期现金净流量与其对应的复利现值系数相乘计算出现值 ④最后加总各期现金净流量的现值，即得到该投资项目的净现值
决策原则	①如果净现值大于零，方案可行，说明该方案的实际报酬率大于要求的报酬率 ②如果净现值小于零，方案不可行，说明该方案的实际报酬率小于要求的报酬率 ③如果净现值等于零，说明该方案的实际报酬率等于要求的报酬率，方案也是可行的
指标评价	优点：考虑了时间价值和风险；利用了项目计算期内的全部现金流量信息；实用性强，能基本满足项目年限相同的互斥投资方案决策。净现值是投资项目财务可行性分析的主要指标 缺点：所采用的折现率不易确定；不适用于独立方案的比较决策；净现值不能直接对寿命期不同的互斥方案进行决策

2. 现值指数（获利指数）（如表3－9所示）

表3－9

概念	现值指数又称获利指数、现值比率，是指投资方案未来现金净流量总现值与原始投资额总现值的比值。现值指数能够反映出每一元初始投资给企业增加的现值毛收益
计算方法	现值指数（PI）$=\dfrac{\text{未来现金净流量总现值}}{\text{原始投资额总现值}}$
决策原则	①在单项方案决策中，如果该方案的现值指数大于或等于1，此方案可行，说明方案实施后的期望报酬率大于或等于必要报酬率；若现值指数小于1，方案不可行，说明方案实施后的期望报酬率小于必要报酬率 ②多个备选方案的互斥决策中，采用现值指数超过1最多的投资项目。现值指数越大，方案越好
指标评价	优点：考虑了资金的时间价值；由于现值指数是相对数指标，能够反映项目的投资效率，有利于在初始投资额不同的投资方案之间进行对比 缺点：无法直接反映投资项目的实际收益率

3. 内含报酬率（内部收益率）（如表3-10所示）

表3-10

概念	内含报酬率又称内部收益率，是指使投资项目净现值等于零的折现率。内含报酬率是投资项目本身可达到的收益率
计算方法	令 $NPV = \sum_{t=0}^{n} \frac{NCF_t}{(1+i)^t} = 0$，得出的 i 即为内含报酬率 ①逐步测试法，适合于每年NCF不相等的非现金形式 ②年金法，适合于建设期为0，全部投资于建设起点一次投入，运营期每年NCF相等，即符合普通年金形式，内部收益率可直接利用年金现值系数表结合内插法来确定
决策原则	①单项方案决策，如果计算出的内含报酬率大于或等于企业的资金成本或必要报酬率就采纳；反之，则拒绝 ②多个备选方案的互斥决策中，应选用内含报酬率超过资金成本或必要报酬率最多的投资项目
指标评价	优点：考虑了资金时间价值；可以反映出投资项目可能达到的真实报酬率；有利于对投资额不同的项目的决策 缺点：计算过程比较复杂，尤其是每年NCF不等的投资项目，一般要经过多次测试才能算出；当经营期大量追加投资时，有可能导致多个内含报酬率出现，或偏高或偏低，缺乏实际意义。在互斥投资方案决策时，如果各方案的原始投资额不相等，有时无法作出正确的决策

4. 动态投资回收期

动态投资回收期是在考虑货币时间价值的情况下，以项目现金流入量抵偿全部投资所需要的时间。它是使下式成立的 n。

$$\sum_{i=0}^{n} \frac{I_t - O_t}{(1+i)^t} = 0$$

式中：n 表示项目期限；I_t 表示第 t 年的现金流入量；O_t 表示第 t 年的现金流出量；i 表示资本成本。

六、项目投资决策方法及其应用

（一）共同年限法与等额年金法

表3-11

方法	内容要点	适用范围	决策原则
共同年限法	共同年限法的原理是：假设投资项目可以在终止时进行重置，通过重置使两个项目达到相同的年限，然后比较其净现值。该方法也称为重置价值链法、最小公倍寿命法 通常选择两个项目的最小公倍寿命作为共同年限	如果两个互斥项目不仅投资额不同，而且项目期限不同，则其净现值没有可比性，采用共同年限法	决策原则是：选择调整后净现值最大的方案为优

续表

方法	内容要点	适用范围	决策原则
等额年金法	即通过比较所有投资方案的等额年金（又称为年均净现值）的大小来选择最优方案 若某方案净现值为 NPV，设定折现率或基准收益率为 i，项目计算期为 n，等额年金为 A，则： $NPV = A \times (P/A, i, n)$ $A = \frac{NPV}{(P/A, i, n)}$	若备选方案的原始投资额不同，特别是项目计算期不同，要采用年等额净回收额法进行决策	在此法下，年等额净回收额最大的方案为优

（二）固定资产更新改造项目决策

一个方案是使用旧设备，另一个方案是购置新设备。若项目计算期相同，可以采用差量分析法来计算一个方案比另一个方案增减的现金流量、净现值。

决策程序：

（1）分别计算两个方案的折旧。

（2）计算各年营业现金净流量的差量。

（3）计算两个方案现金流量的差量。

（4）计算差量净现值。

职业能力训练

一、单选题

1. 项目投资决策中，完整的项目经济寿命周期是指（　　）。

A. 建设期　　B. 生产经营期

C. 建设期 + 达产期　　D. 建设期 + 生产经营期

2. 某投资项目原始投资额为 100 万元，使用寿命 10 年，已知该项目第 10 年的经营净现金流量为 25 万元，期满处置固定资产残值收入及回收流动资金共 8 万元，则该投资项目第 10 年的净现金流量为（　　）万元。

A. 8　　B. 25

C. 33　　D. 43

3. 某投资方案的年营业收入为 100 000 元，年营业成本为 60 000 元，年折旧额 10 000 元，所得税税率为 25%，该方案的每年营业现金流量为（　　）。

A. 26 800 元　　B. 40 000 元

C. 50 000 元　　D. 32 500 元

4. 采用静态投资回收期进行项目评价时，下列表述错误的是（　　）。

A. 静态投资回收期没有考虑货币时间价值

B. 若每年现金净流量相等，则静态投资回收期等于原始投资额除以每年现金净流量

C. 静态投资回收期没有考虑回收期后的现金流量

D. 若每年现金净流量不相等，则无法计算静态投资回收期

5. 某投资项目原始投资额为100万元，使用寿命10年，残值为10万元，已知该项目第10年的营业收入为80万元，付现成本25万元。最后一年全部收回第一年垫付的流动资金8万元。假设甲公司适用企业所得税税率为25%，则该投资项目第10年的净现金流量为（　　）万元。

A. 43.5　　B. 53.5

C. 61.5　　D. 51.5

6. 计算一个投资项目的静态投资回收期，应该考虑下列哪个因素（　　）。

A. 折现率　　B. 使用寿命

C. 年现金净流入量　　D. 资本成本

7. 下列各项中，不属于静态投资回收期优点的是（　　）。

A. 计算简便　　B. 便于理解

C. 能够大体衡量项目的风险　　D. 考虑了项目计算期的全部现金流量

8. 某企业计划投资10万元建一生产线，预计投资后每年可获净利1.5万元，年折旧率为10%，则静态投资回收期为（　　）。

A. 3 年　　B. 5 年

C. 4 年　　D. 6 年

9. 某企业计划投资一个项目，初始投资额为100万元，年折旧率为10%，无残值，项目寿命期10年，预计项目每年可获净利15万元，公司资本成本率为8%，则该项目动态投资回收期为（　　）。

A. 3.93 年　　B. 5.13 年

C. 4.85 年　　D. 5.01 年

10. 某投资项目各年的预计净现金流量分别为：$NCF_0 = -200$ 万元，$NCF_1 = -50$ 万元，$NCF_{2\sim3} = 100$ 万元，$NCF_{4\sim11} = 250$ 万元，$NCF_{12} = 150$ 万元，则该项目包括建设期的静态投资回收期为（　　）。

A. 2 年　　B. 2.5 年

C. 3.2 年　　D. 4 年

11. 甲企业计划投资一条新的生产线，项目一次性总投资500万元，投资期为3年，营业期为10年，营业期每年可产生现金净流量130万元。若甲企业要求的年投资报酬率为9%，则该投资项目的现值指数是（　　）。[已知 P/A，9%，13）= 7.4869，（P/A，9%，10）= 6.4177，（P/A，9%，3）= 2.5313，（P/F，9%，3）= 0.7722]

A. 0.29　　B. 0.67

C. 1.29　　D. 1.67

12. 项目投资方案可行的必要条件是（　　）。

A. 净现值大于或等于零　　B. 净现值大于零

C. 净现值小于零　　D. 净现值等于零

13. 某投资方案折现率为16%时，净现值为6.12，折现率为18%时，净现值为-3.17,则该方案的内含报酬率为（　　）。

A. 14.68%　　B. 17.32%

C. 18.32%　　D. 16.68%

14. 若某投资项目的建设期为零，则直接利用年金现值系数计算该项目内含报酬率指标所要求的前提条件是（　　）。

A. 投产后各年的净现金流量不相等

B. 投产后净现金流量为递延年金形式

C. 投产后净现金流量为普通年金形式

D. 在建设起点没有发生任何投资

15. 丁公司拟投资一个项目，投资在初始一次投入，经测算，该项投资的营业期为4年，每年年末的现金净流量相等，静态投资回收期为2.666 7年，则该投资项目的内含报酬率为（　　）%。

A. 17.47　　B. 18.46

C. 19.53　　D. 19.88

16. 用内含报酬率评价项目可行的必要条件是（　　）。

A. 内含报酬率大于折现率　　B. 内含报酬率小于折现率

C. 内含报酬率大于或等于折现率　　D. 内含报酬率等于折现率

17. 下列各项中，不会对投资项目内含报酬率指标产生影响的因素是（　　）。

A. 原始投资　　B. 现金流量

C. 项目计算期　　D. 设定折现率

18. 已知某投资项目按14%折现率计算的净现值大于零，按16%折现率计算的净现值小于零，则该项目的内含报酬率肯定（　　）。

A. 大于14%，小于16%　　B. 小于14%

C. 等于15%　　D. 大于16%

19. 一般情况下，使某投资方案的净现值小于零的折现率（　　）。

A. 一定小于该投资方案的内含报酬率

B. 一定大于该投资方案的内含报酬率

C. 一定等于该投资方案的内含报酬率

D. 可能大于也可能小于该投资方案的内含报酬率

20. 下列表述不正确的是（　　）。

A. 净现值大于零时，说明该投资方案可行

B. 净现值为零时的折现率即为内含报酬率

C. 净现值是特定方案未来现金流入现值与未来现金流出现值之间的差额

D. 净现值大于零时，现值指数小于1

21. 如果某一投资方案的净现值为正数，则必然存在的结论是（　　）。

A. 投资回收期在一年以内　　B. 现值指数大于1

C. 投资报酬率高于100%　　D. 年均现金净流量大于原始投资额

22. 备选方案项目计算期不等时，通过比较所有投资方案的年等额净回收额指标的大小来选择最优方案的决策方法，在此法下，年等额净回收额（　　）的方案为优。

A. 最小　　B. 最大

C. 大于零　　D. 等于零

23. 某企业拟进行一项固定资产投资项目决策，资本成本为12%，有四个方案可供选择。其中甲方案的项目寿命期为10年，净现值为1 000万元；乙方案的现值指数为0.85；丙方案的项目寿命期为15年，年等额净回收额为150万元；丁方案的内含报酬率为10%。最优的投资方案是（　　）。

A. 甲方案　　B. 乙方案

C. 丙方案　　D. 丁方案

二、多选题

1. 下列有关投资分类之间关系表述正确的有（　　）。

A. 项目投资都是直接投资　　B. 证券投资都是间接投资

C. 对内投资都是直接投资　　D. 对外投资都是间接投资

2. 若建设期不为零，则建设期内各年的净现金流量可能会（　　）。

A. 等于1　　B. 大于1

C. 小于0　　D. 等于0

3. 下列指标中，考虑到货币时间价值的是（　　）。

A. 净现值　　B. 现值指数

C. 内含报酬率　　D. 投资回收期

4. 若NPV<0，计算NPV的折现率为i，则下列关系式中正确的有（　　）。

A. PI>1　　B. IRR>i

C. PI<1　　D. IRR<i

5. 在一般投资项目中，当一项投资方案的净现值等于零时，即表明（　　）。

A. 该方案的现值指数等于1

B. 该方案不具备财务可行性

C. 该方案的现值指数大于1

D. 该方案的内含报酬率等于设定折现率或行业基准收益率

6. 净现值法的优点有（　　）。

A. 考虑了货币时间价值　　B. 考虑了项目计算期的全部净现金流量

C. 考虑了投资风险　　D. 可从动态上反映项目的实际投资报酬率

7. 当内含报酬率大于企业的资本成本时，下列关系式中正确的有（　　）。

A. 现值指数大于1　　B. 现值指数小于1

C. 净现值大于0　　D. 净现值小于0

8. 下列属于内含报酬率法的缺点的是（　　）。

A. 没有考虑货币时间价值

B. 不便于独立投资方案的比较决策

C. 不便于不同投资规模的互斥方案的决策

D. 当经营期大量追加投资时，有可能导致多个内含报酬率出现，或偏高或偏低，缺乏实际意义

9. 动态投资回收期法是长期投资项目评价的一种辅助方法，该方法的缺点有(　　)。

A. 忽视了折旧对现金流量的影响

B. 没有考虑回收期以后的现金流量

C. 促使放弃有战略意义的长期投资项目

D. 忽视了货币的时间价值

10. 如果其他因素不变，一旦折现率提高，则下列指标中其数值将会变小的是(　　)。

A. 动态投资回收期　　B. 净现值

C. 内含报酬率　　D. 现值指数

三、判断题

1. 现金净流量是指一定期间现金流入量和现金流出量的差额。(　　)

2. 会计报酬率和静态投资回收期这两个静态指标其优点是计算简单，容易掌握，且均考虑了现金流量。(　　)

3. 在整个项目计算期内，任何一年的现金净流量，都可以通过“净利润 + 非付现成本“的简化公式来确定。(　　)

4. 投资项目评价所运用的内含报酬率指标的计算结果与项目预定的折现率高低有直接关系。(　　)

5. 某一投资方案按 10% 的折现率计算的净现值大于零，那么，该方案的内含报酬率大于 10%。(　　)

6. 使某方案的净现值大于 0 的折现率，一定小于该方案的内含报酬率。(　　)

7. 多个互斥方案比较，应选择净现值大的方案。(　　)

8. 不论在什么情况下，都可以通过逐次测试的方法计算内含报酬率。(　　)

9. 某折现率可以使某投资方案的净现值等于零，则该折现率即为该方案的内含报酬率。(　　)

10. 净现值大于零，则现值指数大于 1。(　　)

11. 净现值以绝对数表示，不利于在不同投资规模的方案之间进行对比。(　　)

四、计算分析题

1. 某公司计划增添一条生产流水线，以扩充生产能力。现有甲、乙两个方案可供选择。甲方案需要投资 50 万元。乙方案需要投资 75 万元。两方案的预计使用寿命均为 5 年，折旧均采用直线法，预计残值甲方案为 2 万元、乙方案为 3 万元，甲方案预计年销售收入为 100 万元，第一年付现成本为 66 万元，以后在此基础上每年增加维修费 1 万元。乙方案预计年销售收入为 140 万元，年付现成本为 105 万元。方案投入营运时，

甲方案需垫支营运资金20万元，乙方案需垫支营运资金25万元。公司所得税率为20%。

要求：根据上述资料，计算两方案各年的现金流量。

2. 某企业购买机器设备价款40万元，可为企业每年增加净利4万元，该设备可使用5年，无残值，采用直线法计提折旧，该企业的折现率为10%。

要求：计算该投资方案的会计报酬率、静态投资回收期，并对此投资方案作出评价。

3. 大威矿山机械厂准备从甲、乙两种机床中选购一种机床。甲机床购价为35 000元，投入使用后，每年现金流量为7 000元；乙机床购价为36 000元，投入使用后，每年现金流量为8 000元。

要求：用静态回收期指标决策该厂应选购哪种机床？

4. 迪力公司有一投资项目，需投资15万元，使用年限为5年，每年的现金流量不相等，资本成本率为5%，有关资料如表3-12所示。要求：计算该投资项目的静态回收期。

表3-12

年份	现金净流量	累计净流量
1	30 000	30 000
2	35 000	65 000
3	60 000	125 000
4	50 000	175 000
5	40 000	215 000

5. 某企业拟建造一项生产设备。预计建设期为1年，所需原始投资200万元于建设起点一次投入。该设备预计使用寿命为5年，使用期满报废清理时无残值。该设备折旧方法采用直线法。该设备投产后每年增加净利润60万元。假定适用的行业基准折现率为10%。

要求：

(1) 计算项目计算期内各年现金净流量；

(2) 计算项目净现值；

(3) 计算该项目的现值指数；

(4) 计算该项目的内含报酬率；

(5) 评价项目的财务可行性。

6. 某企业拟建造一项生产设备。预计建设期为1年，所需原始投资200万元于建设起点一次投入。该设备预计使用寿命为5年，试用期满报废清理时无残值。该设备折旧方法使用直线法。该设备投产后每年增加息税前利润为100万元，所得税率为25%，项目的基准收益率为20%。

要求：

(1) 计算项目计算期内各年净现金流量；

（2）计算该设备的静态投资回收期；

（3）计算该投资项目的会计报酬率；

（4）假定适用的行业基准折现率为10%，计算项目净现值；

（5）计算项目现值指数；

（6）评价其财务可行性。

7. 某企业甲投资项目的相关资料如下。

资料一：已知甲投资项目投资期投入全部原始投资，其累计各年税后净现金流量如表3－13所示。

表3－13

时间（年）	0	1	2	3	4	5	6	7	8	9	10
NCF（万元）											
累计 NCF	－800	－1 400	－1 500	－1 200	－800	－400	－200	300	800	1 400	2 100
折现系数（I＝10%）	1	0.9091	0.8264	0.7513	0.6830	0.6209	0.5645	0.5132	0.4665	0.4241	0.3855
折现的 NCF											

资料二：该企业按直线法折旧，全部营运资金于终结点一次回收，所得税税率25%，设定折现率10%。

要求：计算甲项目下列相关指标。

（1）填写表中甲项目各年的净现金流量和折现的净现金流量；

（2）计算甲投资项目的静态投资回收期和动态投资回收期；

（3）计算甲项目的净现值。

8. 大安化工厂拟购入一台新型设备，购价为160万元，使用年限10年，无残值。该方案的最低投资报酬率要求12%，使用新设备后，估计每年产生现金净流量30万元。要求：用内含报酬率指标评价该项目是否可行？

9. 甲、乙两个投资方案，甲方案需一次性投资10 000元，可用8年，残值2 000元，每年取得净利润3 500元，乙方案需一次性投资10 000元，可用5年，无残值，第一年获利3 000元，以后每年递增10%。假设甲、乙两个方案均采用直线法计提折旧，资本成本率为10%。

要求：请问应采用哪种方案？

4 项目四 筹资管理

知识回顾

一、筹资规模管理

企业筹资是指企业根据其生产经营、投资活动和调整资本结构的需要，通过筹资渠道，运用筹资方式，筹措所需资金的财务活动。筹集资金是企业资金运动的起点，是决定企业资金规模和生产经营发展速度的重要环节。

(一) 筹资的基本内容(如表4-1所示)

表4-1

筹资动机	创立性筹资动机、支付性筹资动机、扩张性筹资动机和调整性筹资动机
筹资分类	①按照资金的来源渠道不同，可将筹资分为权益资本筹资、债务资本筹资和混合筹资 ②按照所筹资金使用期限的长短，可将筹资分为短期资金筹集和长期资金筹集 ③按照是否通过金融机构，可将筹资分为直接筹资和间接筹资 ④按照资金的来源范围不同，可将筹资分为内部筹资与外部筹资
筹资渠道	筹资渠道是指企业资本来源的方向与通道。在我国现阶段，企业筹资渠道主要有以下几种：①国家财政资金；②银行信贷资金；③非银行金融机构资金；④其他法人单位资金；⑤民间资金；⑥企业内部形成的资金
筹资方式	筹资方式指企业筹集资本的具体方法和形式，即通过哪些手段取得资金。目前我国企业筹资方式主要有：①吸收直接投资；②发行股票；③发行债券；④向金融机构借款；⑤融资租赁；⑥商业信用；⑦留存收益
筹资的基本原则	合法筹措资金；规模适当原则；筹措及时原则；方式经济原则；结构合理原则

（二）资金需要量的预测方法——销售百分比法（如表4-2所示）

表4-2

销售百分比法	是指根据资产负债表中各个项目与销售收入总额之间的依存关系，并假定这些关系在未来时期将保持不变，然后根据计划期销售额的增长情况，预测需要相应追加多少资金的方法
基本原理	销售百分比法，是根据销售增长与资产增长之间的关系，预测未来资金需要量的方法。企业的销售规模扩大时，要相应增加流动资产；如果销售规模增加很多，还必须增加长期资产。为取得扩大销售所需增加的资产，企业需要筹措资金。这些资金，一部分来自留存收益，另一部分通过外部筹资取得 销售百分比法首先假设某些资产与销售额存在稳定的百分比关系，根据销售与资产的比例关系预计资产额，根据资产额预计相应的负债和所有者权益，进而确定筹资需要量
基本步骤	第一，确定随销售额变动而变动的资产和负债项目 第二，确定经营性资产与经营性负债有关项目与销售额的稳定比例关系 第三，确定需要增加的筹资数量
注意事项	①确定资产或负债方中与销售额间有固定不变比率关系的项目，即随着销售的变动而同步变动的项目，在财务上将这些项目统称为敏感项目。如：库存现金、应收账款、存货、应付账款等经营性资产和经营性负债项目；而固定资产、无形资产、短期借款、长期负债等项目，一般不会随销售额的增长而增加，通常称为非敏感项目 ②预计由于销售增长而需要的资金需求增长额，扣除利润留存后，即为所需要的外部筹资额
计算公式	外部筹资额 $=\frac{A}{S_0}\times\Delta S-\frac{B}{S_0}\times\Delta S-S_1\times P\times E+M$ 式中：A——随销售变化的敏感性资产 B——随销售变化的敏感性负债 S_0——基期销售额 S_1——预测期销售额 ΔS——销售变动额 P——销售额净利率 E——留存收益比率 M——预测期内其他方面需要追加的资金数，如增加固定资产投资等

二、股权筹资管理

（一）吸收直接投资

吸收直接投资是指企业以协议等形式吸收国家、其他企业、个人和外商等主体直接投入的资金，形成企业资本金的一种筹资方式。

1. 吸收直接投资的种类（如表4-3所示）

表4-3

种　类	特　点
吸收国家投资	①产权归国家；②资金的运用和处置受国家约束较大；③在国有企业中采用比较广泛
吸收法人投资	①发生在法人单位之间；②以参与企业利润分配为目的；③出资方式灵活多样
吸收个人投资	①参加投资的人员较多；②每人投资的数额相对较少；③以参与公司利润分配为目的

2. 吸收直接投资的方式

以货币资金出资、以实物出资、以无形资产出资

3. 吸收直接投资的优缺点（如表4－4所示）

表4－4

特点		说明
优点	①筹资方式简便，筹资速度快	吸收直接投资的双方没有中间环节，只要双方协商一致，筹资即可成功
	②有利于提高企业信誉	吸收直接投资所筹集的资金属于自有资金，能提高企业的信誉和借款能力
	③有利于尽快形成生产能力	吸收直接投资可直接获得现金、先进设备和先进技术，能尽快地形成生产能力
	④有利于降低财务风险	吸收直接投资可以根据企业的经营状况向投资者支付报酬，没有固定的财务负担，比较灵活，财务风险较小
缺点	①资本成本较高	企业向投资者支付的报酬是根据企业实现的净利润和投资者的出资额计算的，不能减免企业所得税，当企业盈利丰厚时，企业向投资者支付的报酬很大
	②容易分散企业控制权	采用吸收直接投资方式筹集资金，投资者一般都要求获得与投资数量相适应的经营管理权。如果外部投资者的投资较多，则投资者会有相当大的管理权，甚至会对企业实施完全控制
	③不易进行产权交易	吸收直接投资有没有证券为媒介，不利于进行产权交易，难以进行产权转让

（二）发行普通股票

股票是股份有限公司发行的、表示股东按其持有的股份享有权益和承担义务的可转让凭证。股票是一种所有权凭证，代表了股东对股份公司净资产的所有权。股东凭借股票可以获得公司的股息和红利，参加股东大会并行使自己的权利，同时也承担相应的责任与风险。

1. 股票的分类（如表4－5所示）

表4－5

分类标准	分类
按股东享有权利和承担义务的不同	普通股股票和优先股股票
按是否记载股东姓名	记名股票和无记名股票
按发行时间的先后顺序	始发股和增发股
按购买主体的不同	国家股、法人股、个人股
按发行对象和上市地区	A股、B股、H股、N股、S股等

注意：

我国《公司法》规定，公司向发起人、国家授权投资的机构、法人发行的股票，为记名股票；向社会公众发行的股票，可以为记名股票，也可以为无记名股票

2. 普通股的特征（如表4－6所示）

普通股票是最基本、最重要的股票。一般来说，股份公司在设立的时候，最初公开发行的股票多为普通股票，因此，通过发行普通股票所筹集的资金，成为股份公司股本的基础。通常在证券市场上所称的股票，也就是指普通股票。

表4－6

特　点	说　明
①永久性	公司发行股票所筹集的资金属于公司的长期自有资金，没有期限，无需归还。换言之，股东在购买股票之后，一般情况下不能要求发行公司退还股金
②流通性	股票作为一种有价证券，在资本市场上可以自由流通，也可以继承、赠送或作为抵押品。特别是上市公司发行的股票具有很强的变现能力，流动性很强
③风险性	由于股票的永久性，股东成为企业风险的主要承担者。风险的表现形式有：股票价格的波动性、红利的不确定性、破产清算时股东处于剩余财产分配的最后顺序等
④参与性	股东作为股份公司的所有者，拥有参与企业管理的权利，包括重大决策权、经营者选择权、财务监控权、公司经营的建议和质询权等。此外，股东还有承担有限责任、遵守公司章程等义务

3. 普通股股东的权利

公司管理权、股利分配请求权和剩余财产要求权、股份转让权、优先认股权、对公司账目和股东大会决议的审查权和对公司事务的质询权。

4. 普通股筹资的优缺点（如表4－7所示）

表4－7

特　点		说　明
优点	①没有固定利息负担	公司有盈余，并认为适合分配股利就可以分给股东；公司盈余较少，或虽有盈余但资金短缺或有更有利的投资机会，就可少支付或不支付股利
	②没有固定到期日，不用偿还	利用普通股筹集的是企业永久性的资金，除非公司清算才需偿还。它对保证企业最低的资金需求有重要意义
	③筹资风险小	由于普通股没有固定到期日，不用支付固定的利息，此种筹资实际上不存在不能偿付的风险，因此风险最小
	④能增加公司的信誉	普通股本与留存收益构成公司所借入一切债务的基础。有了较多的自有资金，就可为债权人提供较大的损失保障，因而，普通股筹资既可以提高公司的信用价值，同时也为使用更多的债务资金提供了强有力的支持
	⑤促进股权流通与转让	普通股筹资以股票作为媒介，便于股权的流通和转让，便于吸收新的投资者
缺点	①资本成本较高	一般来说，普通股筹资的成本要大于债务资金。这主要是股利要从净利润中支付，而债务资金的利息可在税前扣除。另外，普通股的发行费用也比较高
	②容易分散控制权	利用普通股筹资，出售了新的股票，引进了新的股东，容易导致公司控制权的分散
	③信息披露成本高	如果公司股票上市，需要履行严格的信息披露制度，接受公众股东的监督，信息披露成本高，也增加了公司保护商业秘密的难度
	④增加公司被收购的风险	如果公司股票上市，其经营状况会受到社会的广泛关注，一旦公司经营或财务方面出现问题，可能面临被收购的风险

（三）留存收益筹资（如表4－8所示）

表4－8

<table>
<tr><td>性质</td><td colspan="2">企业通过合法有效经营所实现的税后净利润，都属于企业的所有者</td></tr>
<tr><td>筹资途径</td><td colspan="2">提取盈余公积金和未分配利润</td></tr>
<tr><td rowspan="2">优点</td><td>①不发生筹资费用</td><td>与普通股筹资相比较，留存收益筹资不需要发生筹资费用，资本成本比较低</td></tr>
<tr><td>②维持公司的控制权分布</td><td>利用留存收益筹资，不用对外发行新股或吸收新投资者，由此增加的权益资本不会改变公司的股权结构，不会稀释原有股东的控制权</td></tr>
<tr><td>缺点</td><td>利用留存收益筹资的数额有限</td><td>留存收益的最大数额是企业到期的净利润和以前年度未分配利润之和。如果企业发生亏损，当年就没有利润留存。另外，股东和投资者从自身期望出发，往往希望企业每年发放一定的利润，保持一定的利润分配比例</td></tr>
</table>

三、债务筹资管理

债务筹资主要是企业通过向银行借款、向社会发行公司债券、融资租赁以及赊购商品或劳务等方式筹集和取得的资金。这里主要介绍利用长期银行借款、发行债券和融资租赁等方式筹集的长期债务资金。

（一）长期银行借款

银行借款是指企业向银行或非银行金融机构借入的、需要还本付息的款项，包括偿还期限超过1年的长期借款和不足1年的短期借款，主要用于企业构建固定资产和满足流动资金周转的需要。

1. 银行借款的种类（如表4－9所示）

表4－9

<table>
<tr><td rowspan="2">按借款有无担保要求</td><td>信用贷款</td><td>指不要求借款企业以实物抵押作担保，仅凭借款企业的信誉或借款担保人的信用为依据而获得的贷款。对银行来说，风险较高</td></tr>
<tr><td>抵押贷款</td><td>要求企业以抵押品作为担保的贷款</td></tr>
<tr><td rowspan="3">按提供贷款的机构</td><td colspan="2">政策性银行贷款</td></tr>
<tr><td colspan="2">商业性银行贷款</td></tr>
<tr><td colspan="2">其他金融机构贷款</td></tr>
<tr><td rowspan="3">贷款的用途</td><td colspan="2">基本建设贷款</td></tr>
<tr><td colspan="2">专项贷款</td></tr>
<tr><td colspan="2">流动资金贷款</td></tr>
</table>

2. 银行借款的程序

（1）企业提出借款申请；

（2）银行进行审查；

（3）签订借款合同；

（4）企业取得借款；

（5）企业归还借款。

3. 长期借款的保护性条款（如表4－10所示）

表4－10

例行性保护条款	①定期向提供贷款的金融机构提交公司财务报表，以使债权人随时掌握公司的财务状况和经营成果 ②保持存货储备量，不准在正常情况下出售较多的非产成品存货，以保持企业正常生产经营能力 ③及时清偿债务，包括到期清偿应缴纳税金和其他债务，以防被罚款而造成不必要的现金流失 ④不准以资产作其他承诺的担保或抵押 ⑤不准贴现应收票据或出售应收账款，以避免或有负债等
一般性保护条款	①保持企业资产的流动性 ②限制企业非经营性支出 ③限制企业资本支出的规模 ④限制企业再举债规模 ⑤限制公司的长期投资
特殊性保护条款	①贷款转款专用 ②不准企业投资于短期内不能收回资金的项目 ③限制企业高级职员的薪金和奖金总额 ④要求企业主要领导人在合同有效期内担任领导职务 ⑤要求企业主要领导人购买人身保险等

4. 银行借款筹资的优缺点（如表4－11所示）

表4－11

特点		说明
优点	①筹资速度快	与发行证券相比，银行借款不需印刷证券、报请批准等，一般所需时间短，可以较快满足资金的需要
	②筹资成本低	与发行债券和融资租赁相比，银行借款利率较低，且不需支付发行费用
	③借款灵活性大	企业与银行可以直接接触，商谈借款金额、期限和利率等具体条款，借款后如情况变化可再次协商。到期还款有困难，如能取得银行谅解，也可延期归还
缺点	①筹资数额有限	银行借款的数额往往受到贷款机构资本实力的制约，不可能像发行债券、股票那样一次筹集到大笔资金，无法满足公司大规模筹资的需要
	②限制条款较多	企业与金融机构签订的借款合同中，一般有比较多的限制性条款，这些条款可能会限制企业的生产经营活动

（二）发行公司债券

1. 公司债券的特征

公司债券与股票都属于有价证券。对于发行公司来说，都是一种筹资手段，而对于购买者来说，都是投资手段。但两者有很大区别，主要有以下几点（如表4-12所示）：

表4-12

债　券	股　票
债券是债务凭证，是对债权的证明	股票是所有权凭证，是对所有权的证明
债券持有人是债权人	股票持有人是所有者
债券持有者与发行公司是一种借贷关系	股票持有者是发行公司经营的参与者
债券的收入为利息，利息的多少一般与发行公司的经营状况无关，是固定的	股票的收入是股息，股息的多少是由公司的盈利水平决定的，一般是不固定的
债券的风险较小，因为其利息收入基本是稳定的	股票的风险较大
债券是有期限的，到期必须还本付息	股票除非公司停业，一般不退还股本
债券属于公司的债务，它在公司剩余财产分配中优先于股票	

2. 公司债券的种类

（1）按债券是否记名分类，可分为记名债券和无记名债券；

（2）按有无抵押担保分类，可分为信用债券、抵押债券和担保债券；

（3）按是否可转换成普通股分类，可分为可转换债券和不可转换债券。

3. 债券筹资的优缺点（如表4-13所示）

表4-13

特　点		说　明
优点	①筹资规模较大	债券属于直接融资，发行对象分布广泛，市场容量相对较大，且不受金融机构自身资产规模及风险管理的约束，可以筹集的资金数量较多，满足公司大规模筹资的需要
	②提供公司的社会声誉	公司债券的发行主体，有严格的资格限制。公司通过发行公司债券，一方面筹集了大量资金，另一方面也扩大了社会影响
	③能利用财务杠杆作用	由于债券的利息是固定的且在所得税前支出，企业如能保证债券所筹集资金的投资收益率高于债券利息率，可以使更多的收益用于分配给股东，或留存企业以扩大经营
缺点	①筹资风险高	债券筹资除了要支付固定的利息，还要在到期日偿还全部本金。债券的还本付息增加了企业的财务压力。长期债券的偿还期间很长，未来的种种不确定性使企业面临着较大的偿还风险
	②发行资格要求高，手续复杂	发行公司债券的对象是社会公众，因此国家为了保护投资者利益，维护社会经济秩序，对发债公司的资格有严格限制。从申报、审批、承销到取得资金，需要经过众多环节和较长时间

（三）融资租赁

1. 租赁的种类（如表 4－14 所示）

表 4－14

<table>
<tr><td colspan="2">按与租赁资产所有权有关的风险和报酬是否转移为标准将租赁划分为经营租赁和融资租赁：经营租赁是未转移与资产所有权有关的全部风险和报酬的租赁
融资租赁实质上是转移了与资产所有权相关的全部风险和报酬的租赁，通过融物来达到融资的目的，是现代租赁的主要形式</td></tr>
<tr><td rowspan="5">经营租赁的特点</td><td>①承租企业可以随时向出租企业提出租赁的要求</td></tr>
<tr><td>②租期短。经营租赁的租期通常较短，期限一般远小于资产的寿命周期</td></tr>
<tr><td>③出租方负责租赁物的维修和保养</td></tr>
<tr><td>④出租人和承租人通过订立租约维系租赁业务</td></tr>
<tr><td>⑤租赁期满，承租人一般将租赁物退还给出租者</td></tr>
<tr><td rowspan="4">融资租赁的特点</td><td>①出租的设备由承租企业提出要求购买，或者由承租企业直接从制造商或销售商那里选定</td></tr>
<tr><td>②融资租赁的租期较长，一般接近于租赁资产的使用寿命，在租赁期间双方无权取消合同</td></tr>
<tr><td>③在租赁期间内，由承租企业负责设备的维修和保养</td></tr>
<tr><td>④租赁期满，按事先约定的方式来处置设备，或退还，或续租，或留购</td></tr>
<tr><td colspan="2">注意：
一项租赁业务符合下列条件之一的，可视为融资租赁，否则视为经营租赁：①在租赁期满时，资产的所有权转让给承租人；②承租人对租赁资产有廉价购买选择权；③租赁期为资产使用年限的大部分，资产的所有权最终可能转移，也可能不转移；④租赁开始日租赁付款额的现值不小于租赁资产的公允价值的大部分，资产的所有权最终可能转移也可能不转移</td></tr>
</table>

2. 融资租赁筹资（如表 4－15 所示）

表 4－15

融资租赁的程序	①选择租赁公司；②办理租赁委托；③签订购货协议；④签订租赁合同；⑤办理验货与投保；⑥支付租金；⑦租赁期满的设备处理
融资租赁的基本形式	①直接租赁（该种租赁是融资租赁的主要形式） ②杠杆租赁 ③售后租回
融资租赁租金的构成	融资租赁每期租金的多少，取决于以下几个因素： ①备原价及预计残值，包括设备买价、运输费、安装调试费、保险费等，以及该设备租赁期满后，出售可得的收入 ②利息，指租赁公司为承租企业购置设备融资所支付的利息 ③租赁手续费，指租赁公司承办租赁设备所发生的业务费用和必要的利润
租金的支付方式	①按支付间隔期长短，分为年付、半年付、季付和月付等方式 ②在期初和期末支付，分为先付和后付 ③每次支付额，分为等额支付和不等额支付 在租赁实务中，常采用的方式是后付等额年金

续表

<table>
<tr><td colspan="2">租金的计算</td><td colspan="2">我国融资租赁实务中，租金的计算大多采用等额年金法。等额年金法下，通常要根据利率和租赁手续费确定一个租费率，作为折现率，利用年资本回收额的计算公式来计算每期支付的租金
$每期租金=\frac{购置成本现值}{年金现值系数}=\frac{P}{(P/A,\ i,\ n)}$</td></tr>
<tr><td rowspan="6">融资租赁筹资的优缺点</td><td rowspan="4">优点</td><td>①筹资速度快</td><td>租赁是筹资与设备购置同时进行的，可以缩短设备的购进以及安装时间，使企业尽快形成生产能力</td></tr>
<tr><td>②限制条款较少</td><td>与发行债券和长期借款筹资相比，融资租赁筹资的限制条件比较少</td></tr>
<tr><td>③减少设备陈旧过时的风险</td><td>随着科学技术的不断进步，设备陈旧过时的风险很高，而多数租赁协议规定此种风险由出租人承担，承租企业可免受这种风险</td></tr>
<tr><td>④租金可以适当减轻到期还本负担</td><td>租赁将债务风险在整个租期内分摊，减轻了到期还本的负担</td></tr>
<tr><td rowspan="2">缺点</td><td>①资本成本高</td><td>其租金通常比举借银行借款或发行债券所负担的利息高得多，租金总额通常要高于设备价值的30%</td></tr>
<tr><td>②资产处置权有限</td><td>由于承租企业在租赁期内无资产所有权，因而不能根据自身的要求自行处置租赁资产</td></tr>
</table>

四、混合筹资管理

混合性筹资的主要方式有发行优先股、发行可转换债券和认股权证。我国上市公司目前取得混合性资金的主要方式是发行可转换债券和认股权证。

（一）优先股（如表4－16所示）

表4－16

<table>
<tr><td>内容</td><td colspan="2">优先股是一种混合证券，是介于债券和股票之间的一种证券</td></tr>
<tr><td rowspan="6">特征</td><td>优先股股利</td><td>股利按面值的一定百分比或每股几元表示；股利水平发行时确定：公司盈利达不到不支付，超过不增加；比普通股优先支付</td></tr>
<tr><td>优先股表决权</td><td>优先股在发行时规定没有表决权；但有优先股规定，如果没有按时支付优先股股利，其股东可行使有限的表决权</td></tr>
<tr><td>优先股的到期期限</td><td>有些优先股是永久性的，没有到期期限；多数优先股规定有明确的到期期限，到期时公司按规定价格赎回优先股</td></tr>
<tr><td>优先股的可转换性</td><td>有些优先股规定，可以转换为普通股，称为可转换优先股。有些则是不可转换优先股</td></tr>
<tr><td>优先股的税务</td><td>发行公司支付优先股股息不能税前扣除；优先股筹资成本高于债务</td></tr>
<tr><td>优先股的风险</td><td>从投资者的角度来看，优先股投资的风险比债券大
从筹资者的角度来看，优先股筹资的风险比债券小</td></tr>
<tr><td rowspan="2">优缺点</td><td>优点</td><td>不支付股利不会导致公司破产；无期限的优先股没有到期期限，不会减少公司现金流，不需要偿还本金；不会稀释股东权益</td></tr>
<tr><td>缺点</td><td>优先股股利不能税前扣除，其税后成本高于负债筹资；按时支付的优先股股利通常被视为固定成本，会增加公司的财务风险并进而增加普通股的成本</td></tr>
</table>

（二）可转换债券（如表4－17所示）

表4－17

内容	可转换债券，是一种特殊的债券，它在一定期间内依据约定的条件可以转换成普通股	
特征	债权性	可转换债券也有规定的利率和期限，投资者可以选择持有债券到期，收取本息
	股权性	可转换债券在转换成股票之后，原债券持有人变成了公司股东，可参与企业的经营决策和红利分配
	可转换性	可转换性是可转换债券的重要标志：如果债券持有人不想转换，则可以继续持有债券。如果持有人看好发债公司股票增值潜力，在宽限期之后可行使转换权，按照预定转换价格将债券转换成为股票，发债公司不得拒绝 可转换债券具有双重选择权的特征。一方面，投资者可自行选择是否转股；另一方面，转债发行人拥有是否实施赎回条款的选择权 双重选择权是可转换公司债券最主要的金融特征
要素	有效期限 转换期限	其有效期限指债券从发行之日起至偿清本息之日止的存续期间。转换期限是指可转换债券转换为普通股票的起始日至结束日的期间 我国《上市公司证券发行管理办法》规定，可转换公司债券的期限最短为1年，最长为6年，自发行结束之日起6个月方可转换为公司股票
	票面利率	发行人根据当前市场利率水平、公司债券资信等级和发行条款确定，一般低于相同条件的不可转换债券的票面利率
	转换比率 转换价格	转换比率是指一定面额可转换债券可转换成普通股票的股数。用公式表示为：转换比率＝债券面值÷转换价格 转换价格是指可转换债券转换为每股普通股份所支付的价格。用公式表示为：转换价格＝债券面值÷转换比率
	赎回条款 回售条款	赎回条款是对可转换债券发行公司赎回债券的情况要求，分为无条件赎回和有条件赎回。无条件赎回是在赎回期内发行公司可随时按照赎回价格赎回债券。有条件赎回是对赎回债券有一些条件限制，只有在满足了这些条件之后才能由发行公司赎回债券 回售条款是在可转换债券发行公司的股票价格达到某种恶劣程度时，债券持有人有权按照约定的价格将可转换债券卖给发行公司的有关规定
	强制性 转换条款	强制性转换条款是在某些条件具备之后，债券持有人必须将可转换债券转换为股票，无权要求偿还债券本金的规定。设置强制性转换条款，是为了保证可转换债券顺利地转换为股票，实现发行公司扩大权益筹资的目的
优缺点	优点	与普通债券相比，可转换债券使公司能够以较低的利率取得资金 与普通股相比，可转换债券使公司取得了以高于当前股价出售普通股的可能性
	缺点	股价上涨风险；股价低迷风险；筹资成本高于纯债券

(三) 认股权证(如表4-18所示)

表4-18

内容	认股权证是公司向股东发放的一种凭证，授权其持有者在一个特定期间以特定价格购买特定数量的公司股票	
特征	期权性	认股权证本质上是一种股票期权，属于衍生金融工具，具有实现融资和股票期权激励的双重功能。但认股权证本身是一种认购普通股的期权，其持有者不享有股东的权益
	投资工具	投资者可以通过购买认股权证获得市场价与认购价之间的股票差价收益，因此，它是一种具有内在价值的投资工具
作用	是一种融资工具	对发行公司而言，发行认股权证是一种特殊的筹资手段，能够利用认股权证在规定的有效期内顺利地发行新股，从而筹集到大笔资金
	是一种员工激励工具	将认股权证作为奖励发给本公司的管理人员，从而将管理人员的利益和公司的利益联系在一起，建立一个管理人员通过提升企业价值实现自身财富增值的利益驱动机制
	能改善公司治理结构	采用认股权证进行融资，融资的实现是缓期分批实现的。上市公司及其大股东的利益，与投资者是否在到期之前执行认股权证密切相关。所以，认股权证能够约束上市公司的败德行为，并激励他们更加努力地提升公司的市场价值

五、资本成本决策

(一) 资本成本的构成及作用(如表4-19所示)

表4-19

含义	指企业为筹集和使用资本而付出的代价，包括筹资费用和占用费用	
构成	①筹资费用：是企业在筹措资本过程中为获得资本而付出的各种费用，如银行借款手续费、股票和债券的发行费等。筹资费用通常在资本筹集时一次性发生 ②占用费用：是指企业在资本使用过程中因占用资本而付出的代价，如股利和利息等，这是资本成本的主要内容	
作用	① 用于投资决策	资本成本是评价投资项目可行性的主要经济标准。资本成本是投资项目的“最低收益率”，或是判断投资项目的“取舍率”
	②用于筹资决策	资本成本是比较筹资方式、拟定筹资方案的依据
	③用于营运资本管理	资本成本可以用来评估营运资本投资政策和营运资本筹资政策
	④用于业绩评价	资本成本是投资人要求的报酬率，与公司实际的投资报酬率进行比较可以评价公司的业绩
影响因素	外部因素	利率；市场风险溢价；税率
	内部因素	资本结构；股利政策；投资政策

（二）个别资本成本的计算（如表4-20所示）

表4-20

类型	公式	说明
资本成本的通用计算公式	资本成本 $=\frac{年资金占用费}{筹资总额-筹资费用}$ $=\frac{年资金占用费}{筹资总额\times（1-筹资费用率）}$ $K=\frac{D}{P-F}$或者$K=\frac{D}{P\ (1-f)}$	K为资本成本 D为用资费用 P为筹资数额 F筹资费用 f为筹资费用率，即筹资费用与筹资数额的比率
长期借款资本成本	长期借款的利息可在税前扣除，具有抵税作用 $K_l=\frac{I\cdot\ (1-T)}{L\cdot\ (1-f)}=\frac{L\cdot i\cdot\ (1-T)}{L\cdot\ (1-f)}=\frac{i\cdot\ (1-T)}{1-f}$ 长期借款的筹资费用主要是银行借款手续费，通常很低，f可以忽略不计：$Kl=i\cdot\ (1-T)$	K_l为长期借款资本成本 I为长期借款年利息 T为所得税税率 L为长期借款筹资总额 i为长期借款利率 f为长期借款筹资费用率
公司债券资本成本	公司债券资本成本主要是债券利息和筹资费用。由于债券利息在税前支付，具有抵税效应。发行债券的筹资费用一般较高，必须予以考虑 $K_b=\frac{I\cdot\ (1-T)}{B\cdot\ (1-f)}=\frac{B\cdot i\cdot\ (1-T)}{B\cdot\ (1-f)}=\frac{i\cdot\ (1-T)}{1-f}$ 注意：由于债券可以溢价或折价发行，上式中的债券筹资总额应以实际发行价格作为债券筹资金额；利息是按票面金额乘以票面利率计算	K_b为债券资本成本 I为债券利息 T为所得税税率 B为债券筹资总额 i为债券利率 f为债券筹资费用率
普通股资本成本	股利估价模型 $P=\sum_{t=1}^{n}\frac{D_t}{(1+K)^t}$	P为普通股股价 D_t为普通股股利 K为折现率
	若公司实行固定股利政策，公司每年股利是一定的 固定股利模型 $K_s=\frac{D}{P(1-f)}$	K_s为普通股资本成本 P为普通股发行价格 f为普通股筹资费用率 D为年固定股利
	若公司发放的股利以固定的年增长率递增 固定增长股利模型 $K_s=\frac{D_1}{P(1-f)}+g$	K_s为普通股资本成本 D_1为预期第一年普通股股利 P为普通股筹资总额 f为普通股筹资费率 g为普通股年股利增长率
	假定资本市场有效，股票市场价格与价值相等 资本资产定价模型 $K_s=R_f+\beta(R_f-R_m)$	R_f为无风险报酬率 R_m为市场平均报酬率 β为某股票贝塔系数

续表

类型	公式	说明
优先股资本成本	$K_s = \frac{D}{P(1-f)}$	K_s 为优先股资本成本 P 为优先股发行价格 f 为优先股筹资费用率 D 为优先股年固定股息
留存收益资本成本	固定股利模型 $K_e = \frac{D}{P}$	K_e 为留存收益资本成本 P 为普通股发行价格 D 为年固定股利
	固定增长股利模型 $K_e = \frac{D_1}{P} + g$	K_e 为普通股资本成本 D_1 为预期第一年普通股股利 P 为普通股筹资总额 g 为普通股年股利增长率

（三）加权平均资本成本的计算（如表4-21所示）

表4-21

加权平均资本成本	是以各种资本所占的比重为权数，对各种资本成本进行加权平均计算出来的，也称为综合资本成本	
计算公式	$K_w = \sum_{j=1}^{n} K_j W_j$	K_w 为加权平均资本成本 K_j 为第 j 种资本的成本 W_j 为第 j 种资本占总资本的比例

（四）边际资本成本的计算

边际资本成本是企业追加筹资的成本。企业在追加筹资时，要考虑新筹集资本的成本，即边际资本成本，它是企业追加筹资的决策依据。筹资方案组合时，边际资本成本的权数采用目标价值权数。

六、杠杆效应分析

（一）息税前利润与边际贡献（如表4-22所示）

表4-22

息税前利润(EBIT)	含义	是指支付利息和缴纳所得税之前的利润
	公式	$EBIT = S - V - a = px - bx - a = (p-b)x - a$
边际贡献(Tcm)	含义	又叫贡献毛益、贡献边际，是指销售收入减去变动成本以后的数额
	计算公式	$Tcm = S - V = px - bx = (p-b)x = cm.x$
说明	$EBIT$ 为息税前利润；S 为销售收入总额；V 为变动成本总额；a 为固定成本总额；p 为销售单价；b 为单位变动成本；x 为销售量。Tcm 为边际贡献总额；cm 为单位边际贡献	
引入边际贡献的概念后，息税前利润公式可进一步变化为： $EBIT = (p-b)x - a = Tcm - a$		

（二）盈亏平衡分析（保本分析）

当企业的营业收入总额等于成本总额，边际贡献正好抵偿全部固定成本，息税前利润为零，企业处于不盈不亏的状态，这种特殊的状态称为盈亏临界状态或保本状态，使企业达到盈亏临界状态的销售量和销售额之点，叫作盈亏平衡点（又叫盈亏临界点）。

即：$EBIT=(p-b)x-a=0$

盈亏平衡点销售量$(x_0)=\dfrac{a}{p-b}=\dfrac{a}{cm}$

盈亏平衡点销售额$(y_0)=px_0$

当企业的销售量大于盈亏平衡点销售量时，企业处于盈利状态，销售量越多，盈利越多；当销售量小于盈亏平衡点销售量时，企业处于亏损状态，销售量越少，亏损额越大。

（三）经营杠杆效应（如表4－23所示）

由于经营方面的固定成本和财务方面的固定费用的存在，当销售量或息税前利润以较小幅度变动时，会使企业相关的获利指标发生较大幅度的变动，这就是杠杆效应。

财务管理中的杠杆效应，包括经营杠杆、财务杠杆和总杠杆三种。杠杆效应既可以产生杠杆利益，也可能带来杠杆风险。

表4－23

经营风险	含义	是指由于生产经营上的因素的不确定而给息税前利润或资产报酬带来的不确定性
	来源	企业外部条件的变动以及企业内部情况的变动两个方面，从企业内部情况来看，影响经营风险的因素主要有：产品需求、产品售价、产品成本、调整价格的能力、固定成本的比重
经营杠杆	含义	这种由于固定成本的存在，产销量一定程度的变动引起营业利润产生更大程度变动的现象被称为经营杠杆效应
	产生根源	固定成本的存在
	衡量指标	经营杠杆系数（DOL）
	计算公式	经营杠杆系数（DOL）$=\dfrac{\text{息税前利润变动率}}{\text{销售量变动率}}=\dfrac{\Delta EBIT/EBIT}{\Delta Q/Q}$ $DOL=\dfrac{\text{基期边际贡献}}{\text{基期息税前利润}}=\dfrac{Tcm}{Tcm-a}=\dfrac{EBIT+a}{EBIT}$ $DOL=\dfrac{EBIT+a}{EBIT}=1+\dfrac{a}{EBIT}$
	结论	在企业不发生经营性亏损、息税前利润为正的前提下，只要有固定性经营成本存在，经营杠杆系数总是大于1
两者关系	经营风险是由于生产经营上的因素的不确定而给息税前利润或资产报酬带来的不确定性。经营杠杆放大了市场和生产因素变化对利润波动的影响。经营杠杆系数越高，利润的波动幅度越大，经营风险也就越大	

(四)财务杠杆效应(如表4-24所示)

表4-24

<table>
<tr><td rowspan="2">财务风险</td><td>含义</td><td>是指企业由于筹资原因产生的固定资本成本负担而导致的普通股收益波动的风险</td></tr>
<tr><td>来源</td><td>企业负债经营时,不论经营利润多少,债务利息是不变的。当企业在资本结构中增加了债务筹资的比例,固定性筹资成本就会增加,固定的现金流出量相应增加。特别是在利息费用的增加速度超过了息税前利润增加速度的情况下,企业负担的债务成本增加,则净收益就会减少,发生丧失偿债能力的概率增加,导致财务风险增加;反之,当债务资本比率较低时,财务风险就小</td></tr>
<tr><td rowspan="4">财务杠杆</td><td>含义</td><td>这种由于固定利息费用的存在,息税前利润的变动引起每股收益产生更大变动程度的现象,被称为财务杠杆效应</td></tr>
<tr><td>产生根源</td><td>固定利息费用的存在</td></tr>
<tr><td>衡量指标</td><td>财务杠杆系数(DFL)</td></tr>
<tr><td>计算公式</td><td>财务杠杆系数(DFL) $=\dfrac{\text{每股收益变动率}}{\text{息税前利润变动率}}=\dfrac{\Delta EPS/EPS}{\Delta EBIT/EBIT}$
$DFL=\dfrac{\text{息税前利润}}{\text{息税前利润}-\text{利息}}=\dfrac{EBIT}{EBIT-I}$</td></tr>
<tr><td>两者关系</td><td colspan="2">财务杠杆系数揭示了企业的财务风险程度。由于财务杠杆的作用,当企业的息税前利润下降时,企业仍需支付固定利息费用,导致普通股每股收益以更快的速度下降。财务杠杆放大了息税前利润的变化对普通股收益的影响。财务杠杆系数越高,表明普通股收益的波动程度越大,财务风险也就越大。只要固定利息费用存在,财务杠杆系数总是大于1</td></tr>
</table>

(五)总杠杆效应(如表4-25所示)

表4-25

<table>
<tr><td rowspan="4">总杠杆效应</td><td>定义</td><td>是指由于固定性经营成本和固定性资本成本的存在,导致普通股每股收益变动率大于产销量变动率的现象</td></tr>
<tr><td>存在根源</td><td>固定性经营成本和固定性资本成本的存在</td></tr>
<tr><td>衡量指标</td><td>总杠杆系数(DTL)</td></tr>
<tr><td>计算公式</td><td>$DTL=\dfrac{\text{普通股每股收益变动率}}{\text{产销量变动率}}$
$DTL=DOL\times DFL$
$DTL=\dfrac{Tcm}{EBIT}\times\dfrac{EBIT}{EBIT-I}=\dfrac{Tcm}{EBIT-I}$</td></tr>
<tr><td>总杠杆与公司风险</td><td colspan="2">公司风险包括企业的经营风险和财务风险。总杠杆系数反映了经营杠杆和财务杠杆之间的关系,用以评价企业的整体风险水平。在总杠杆系数一定的情况下,经营杠杆系数与财务杠杆系数此消彼长</td></tr>
</table>

七、资本结构决策（如表 4 – 26 所示）

表 4 – 26

<table>
<tr><td>资本结构</td><td colspan="2">指企业资本总额中各种资本的构成及其比例关系。在通常情况下，企业的资本结构仅指狭义上的，即长期债务资本和权益资本的比例</td></tr>
<tr><td>最佳资本结构</td><td colspan="2">在一定条件下，使企业平均资本成本最低、企业价值最大的资本结构</td></tr>
<tr><td>影响资本结构的因素</td><td colspan="2">①企业产品销售的增长情况：销售越稳定，越可以运用较多负债
②企业的财务状况和信用等级：企业财务状况良好，信用等级高，越容易获得债务资本
③企业资产结构
④企业投资人及管理当局的态度：稳健的管理当局偏好于选择低负债比例的资本结构
⑤企业的行业特点：那些资产适宜于作贷款抵押的企业倾向于使用较多的债务
⑥所得税税率：企业所得税税率越高，举债经营的好处就越大</td></tr>
<tr><td rowspan="3">决策方法</td><td>资本成本比较法</td><td>资本成本比较法是指计算可供选择的不同筹资方式组合方案的加权平均资本成本（又叫综合资金成本）并进行比较，以其中资本成本最低的组合为最佳的一种方法。
操作步骤：
①确定不同筹资方案的资本结构
②计算不同方案的资本成本
③选择资本成本最低的资本结构，即最佳资本结构
判断依据：该方法以资本成本的高低作为确定最佳资本结构的唯一标准</td></tr>
<tr><td>每股收益无差别点法（EBIT—EPS 分析法）</td><td>所谓每股收益无差别点，是指不同筹资方式下，每股收益都相等时的息税前利润（EBIT）或业务量水平
每股收益的计算公式为：
$EPS = \frac{(EBIT - I) \times (1 - T)}{N}$
式中：I 为债务利息；T 为所得税税率；N 为普通股股数。
如果用 EPS_1 和 EPS_2 分别表示两个不同融资方案的每股收益，那么在每股收益无差别点上，有 $EPS_1 = EPS_2$，即：
$\frac{(EBIT - I_1) \times (1 - T)}{N_1} = \frac{(EBIT - I_2) \times (1 - T)}{N_2}$
将两种资本结构对应的利息额、普通股股数和所得税代入上式，就可以得到使两种筹资方式的 EPS 相等的息税前利润水平（EBIT），即每股收益无差异点
操作步骤：
①计算出各方案每股收益无差别点
②绘制 EBIT—EPS 分析图
③与预期的息税前利润进行比较，进行决策，选择方案
判断依据：当预期的息税前利润大于每股收益无差别点息税前利润时，应采用债务资本筹资方式；当预期的息税前利润小于每股收益无差别点息税前利润时，应采用权益资本筹资方式</td></tr>
<tr><td>公司价值分析法</td><td>公司价值分析法是在充分反映公司财务风险的前提下，以公司价值的大小作为标准，经过测算确定最佳资本结构的方法。适用于资本规模较大的上市公司
公司价值等于其长期债务和股票的折现价值之和。根据这种观点，公司价值可用公式表示为：
$V = B + S$
式中：V 表示公司的总价值，即公司的折现价值；B 表示公司长期债务的折现价值；S 表示公司股票的折现价值</td></tr>
</table>

职业能力训练

一、单选题

1. 企业为了优化资本结构，合理利用财务杠杆效应所产生的筹资动机属于（ ）。

A. 创立性筹资动机　　B. 支付性筹资动机

C. 扩张性筹资动机　　D. 调整性筹资动机

2. 下列筹资方式中属于间接筹资方式的是（ ）。

A. 发行股票　　B. 发行债券

C. 吸收直接投资　　D. 融资租赁

3. 采用销售百分比法预测资金需要量时，下列项目中被视为不随销售收入的变动而变动的是（ ）。

A. 现金　　B. 应付账款

C. 存货　　D. 公司债券

4. 某公司202×年预计营业收入为50 000万元，预计销售净利率为10%，股利支付率为60%。据此可以测算出该公司201×年内部资金来源的金额为（ ）。

A. 2 000万元　　B. 3 000万元

C. 5 000万元　　D. 8 000万元

5. 相对于债务筹资方式而言，采用吸收直接投资方式筹资的优点是（ ）。

A. 有利于降低资本成本　　B. 有利于集中企业控制权

C. 有利于降低财务风险　　D. 有利于发挥财务杠杆作用

6. 长期借款筹资与长期债券筹资相比，其特点是（ ）。

A. 利息能节税　　B. 筹资弹性大

C. 筹资费用大　　D. 债务利息高

7. 相对于债务筹资方式而言，采用发行股票方式筹资的优点是（ ）。

A. 有利于降低资本成本　　B. 有利于集中企业控制权

C. 有利于降低筹资风险　　D. 有利于发挥财务杠杆作用

8. 以债务人或第三人将其动产或财产权利移交债权人占有，将该动产或财产权利作为债权取得担保的贷款为（ ）。

A. 信用贷款　　B. 保证贷款

C. 抵押贷款　　D. 质押贷款

9. 下列各项中，不属于融资租赁租金构成项目的是（ ）。

A. 租赁设备的价款　　B. 租赁期间利息

C. 租赁手续费　　D. 租赁设备维护费

10. 与银行借款相比，下列各项中不属于融资租赁筹资特点的是（　　）。

A. 资本成本低　　B. 融资风险小

C. 融资期限长　　D. 融资限制少

11. 企业向租赁公司租入一台设备，价值 500 万元，合同约定租赁期满时残值 5 万元归承租人所有，租期为 5 年，租费综合率为 12%，若采用先付租金的方式，则平均每年支付的租金为（　　）万元。[已知（P/A，12%，4）= 3.0373；（P/A，12%，5）= 3.6048]

A. 123.8　　B. 138.7

C. 123.14　　D. 108.6

12. 某公司普通股目前的股价为 25 元/股，筹资费率为 6%，刚刚支付的每股股利为 2 元，股利固定增长率 2%，则该企业利用留存收益的资本成本为（　　）。

A. 10.16%　　B. 10%

C. 8%　　D. 8.16%

13. 在不考虑筹款限制的前提下，下列筹资方式中个别资本成本最高的通常是（　　）。

A. 发行普通股　　B. 留存收益筹资

C. 长期借款筹资　　D. 发行公司债券

14. 某公司发行总面额为 500 万元的 10 年期债券，票面利率 12%，发行费用率为 5%，公司所得税税率为 25%。该债券采用溢价发行，发行价格为 600 万元，该债券的资本成本为（　　）。

A. 8.46%　　B. 7.89%

C. 10.24%　　D. 9.38%

15. 某公司拟发行 5 年期，年利率为 12% 的债券 2 500 万元，发行费率为 3.25%。假定公司所得税税率为 25%，则该债券的资本成本为（　　）。

A. 8.31%　　B. 7.23%

C. 6.54%　　D. 9.30%

16. 某公司发行普通股 1 000 万元，预计第一年股利率为 12%，以后每年增长 5%，筹资费用率为 4%，则该普通股的资本成本为（　　）。

A. 12%　　B. 17.5%

C. 17%　　D. 16.52%

17. 某公司 2021 年普通股收益为 100 万元，2022 年息税前利润预计增长 20%，假设财务杠杆系数为 3，则 2022 年普通股收益预计为（　　）万元。

A. 160　　B. 300

C. 120　　D. 200

18. 下列筹资方式中，能够给企业带来财务杠杆效应的是（　　）。

A. 发行普通股　　B. 认股权证

C. 融资租赁　　D. 留存收益

19. 某公司基期有关数据如下：销售额为 100 万元，变动成本率为 60%，固定成本总额为 20 万元，利息费用为 4 万元，不考虑其他因素，该公司的总杠杆系数为（　　）。

A. 1.25　　B. 2

C. 3.5　　D. 2.5

20. 某企业某年的财务杠杆系数为2.5，息税前利润（EBIT）的计划增长率为10%，假定其他因素不变，则该年普通股每股收益（EPS）的增长率为（　）。

A. 4%　　B. 5%

C. 20%　　D. 25%

21. 最佳资本结构是指（　）。

A. 股东价值最大的资本结构

B. 企业目标资本结构

C. 加权平均的资本成本最高的目标资本结构

D. 加权平均资本成本最低、企业价值最大的资本结构

22. 出租人既出租某项资产，又以该项资产为担保借入资金的租赁方式是（　）。

A. 直接租赁　　B. 售后回租

C. 杠杆租赁　　D. 经营租赁

23. 相对于发行债券和利用银行借款购买设备而言，通过融资租赁方式取得设备的主要缺点是（　）。

A. 限制条款多　　B. 筹资速度慢

C. 资本成本高　　D. 财务风险大

24. 某公司发行可转换债券，每张面值为1 000元，转换比率为20，则该可转换债券的转换价格为（　）元/股。

A. 20　　B. 50

C. 30　　D. 25

25. 已知某公司股票的β系数为0.5，短期国债报酬率为6%，市场平均报酬率为10%，则该公司股票的资本成本为（　）。

A. 6%　　B. 8%

C. 10%　　D. 16%

26. 下列筹资活动不会加大财务杠杆作用的是（　）。

A. 增发普通股　　B. 增发优先股

C. 增发公司债券　　D. 增加银行借款

27. 某企业资本总额为2 000万元，负债和权益筹资额的比例为2:3，债务利率为12%，当前销售额为1 000万元，息税前利润为200万元，则财务杠杆系数为（　）。

A. 1.15　　B. 1.24

C. 1.92　　D. 2

28. 只要企业存在固定成本，当企业息税前利润大于0时，那么，经营杠杆系数必（　）。

A. 恒大于1　　B. 与固定成本成反比

C. 与销售量成正比　　D. 与风险成反比

29. 如果企业一定期间内的固定性经营成本和固定性资本成本均不为零，则由上述因素共同作用而导致的杠杆效应属于（　）。

A. 经营杠杆效应　　B. 财务杠杆效应

C. 总杠杆效应　　　　D. 风险杠杆效应

30. 某公司经营风险较大，准备采取系列措施降低经营杠杆程度，下列措施中，无法达到这一目的的是（　　）。

A. 降低利息费用　　　　B. 降低固定成本水平

C. 降低变动成本　　　　D. 提高产品销售单价

31. 如果企业的资本来源全部为自有资本，且没有优先股存在，则企业财务杠杆系数（　　）。

A. 等于 0　　　　B. 等于 1

C. 大于 1　　　　D. 小于 1

二、多选题

1. 下列各项中，属于企业筹资管理应当遵循的原则有（　　）。

A. 依法筹资原则　　　　B. 负债最低原则

C. 规模适度原则　　　　D. 结构合理原则

2. 下列属于直接筹资方式的有（　　）。

A. 发行股票　　　　B. 发行债券

C. 吸收直接投资　　　　D. 融资租赁

3. 与负债筹资相比，股票筹资的特点是（　　）。

A. 财务风险大　　　　B. 资本成本高

C. 没有固定到期日　　　　D. 分散控制权

4. 相对于债券融资而言，长期银行借款筹资的优点有（　　）。

A. 筹资弹性大　　　　B. 筹资速度快

C. 资本成本低　　　　D. 筹资数额大

5. 长期借款筹资与长期债券筹资相比，其特点是（　　）。

A. 筹资速度快　　　　B. 筹资弹性大

C. 筹资费用大　　　　D. 债务利息高

6. 与“吸收直接投资”方式相比较，“发行普通股”筹资方式所具有的特点有（　　）。

A. 资本成本较高

B. 资本成本较低

C. 公司与投资者易于沟通

D. 手续相对复杂，筹资费用较高

7. 下列各项中，属于“留存收益”区别于“发行普通股”筹资方式的特点的有（　　）。

A. 筹资数额有限　　　　B. 财务风险大

C. 不会分散控制权　　　　D. 资本成本高

8. 留存收益的途径包括（　　）。

A. 盈余公积金　　　　B. 资本公积金

C. 未分配利润　　　　D. 股本

9. 留存收益是企业内源性股权筹资的主要方式，下列各项中，属于该种筹资方式特点的有（　　）。

A. 筹资数额有限　　B. 不存在资本成本

C. 不发生筹资费用　　D. 维持公司的控制权分布

10. 相对于股权融资而言，长期银行借款筹资的优点有（　　）。

A. 筹资风险小　　B. 筹资速度快

C. 资本成本低　　D. 筹资数额大

11. 下列成本费用中属于资本成本中的用资费用的有（　　）。

A. 借款手续费　　B. 股票发行费

C. 利息　　D. 股利

12. 在事先确定企业资金规模的前提下，吸收一定比例的负债资金，可能产生的结果有（　　）。

A. 降低企业资本成本　　B. 降低企业财务风险

C. 加大企业财务风险　　D. 提高企业经营能力

13. 在计算下列各项资本的资本成本时，需要考虑筹资费用的有（　　）。

A. 普通股　　B. 债券

C. 长期借款　　D. 留存收益

14. 在计算个别资本成本时，需要考虑所得税抵减作用的筹资方式有（　　）。

A. 银行借款　　B. 长期债券

C. 优先股　　D. 普通股

15. 一般认为，普通股与优先股的共同特征主要有（　　）。

A. 同属公司股本　　B. 股息从净利润中支付

C. 需支付固定股息　　D. 均可参与公司重大决策

16. 一般而言，债券筹资与普通股筹资相比（　　）。

A. 普通股筹资所产生的财务风险相对较低

B. 公司债券筹资的资本成本相对较高

C. 普通股筹资可以利用财务杠杆作用

D. 公司债券利息可以税前列支，普通股股利必须是税后支付

17. 融资租赁租金的构成项目有（　　）。

A. 租赁设备价款　　B. 租赁期间的利息

C. 租赁手续费　　D. 租赁设备的维护费

18. 影响融资租赁每期租金的因素是（　　）。

A. 设备买价　　B. 利息

C. 租赁手续费　　D. 租赁支付方式

19. 下列关于认股权证表述正确的有（　　）。

A. 具有实现融资和股票期权激励的双重功能

B. 是一种有内在价值的投资工具

C. 具有投票权

D. 持有人可以分得红利收入

20. 关于认股权证下述表述正确的有（　　）。

A. 认股权证是一种融资促进工具

B. 认股权证有助于改善上市公司的治理结构

C. 作为激励机制的认股权证有利于推进上市公司的股权激励机制

D. 认股权证是一种拥有股权的证券

21. 影响企业综合资本成本大小的因素有（　　）。

A. 资本结构　　B. 个别资本成本的高低

C. 筹资费用的多少　　D. 企业资产规模的大小

22. 下列各项中，属于资本成本中筹资费用的是（　　）。

A. 股票发行费　　B. 借款手续费

C. 证券印刷费　　D. 股利支出

23. 下列各项中，影响财务杠杆系数的有（　　）。

A. 息税前利润　　B. 普通股股利

C. 优先股股息　　D. 借款利息

24. 某公司经营风险较大，准备采取系列措施降低经营杠杆程度，下列措施中，可以达到这一目的的有（　　）。

A. 降低利息费用

B. 降低固定成本水平

C. 降低变动成本水平

D. 提高产品销售单价

25. 在边际贡献大于固定成本的情况下，下列措施中有利于降低企业整体风险的有（　　）。

A. 增加产品销量　　B. 提高产品单价

C. 提高资产负债率　　D. 节约固定成本支出

三、判断题

1. 企业为了满足经营业务活动的正常波动所形成的支付需要而产生的筹资动机为支付性筹资动机。（　　）

2. 企业按照销售百分比法预测出来的资金需要量，是企业在未来一定时期资金需要量的增量。（　　）

3. 随着销售的变动而同步变动的项目，在财务上将这些项目统称为敏感项目。如库存现金、应收账款、存货、短期借款等。（　　）

4. 如果企业的全部资本来源于普通股权益资本，则其总杠杆系数与经营杠杆系数相等。（　　）

5. 对附有回售条款的可转换公司债券持有人而言，当标的公司股票价格在一段时间内连续低于转股价格达到一定幅度时，把债券卖回给债券发行人，将有利于保护自身的利益。（　　）

6. 在企业承担总风险能力一定且利率相同的情况下，对于经营杠杆水平较高的企业，应当保持较低的负债水平；而对于经营杠杆水平较低的企业，则可以保持较高的负

债水平。（　　）

7. 杠杆租赁的情况下，如果出租人不能按期偿还借款，那么资产的所有权就要转归资金出借者。（　　）

8. 融资租赁相对于债券筹资资本成本较低。（　　）

9. 从出租人的角度来看，杠杆租赁与售后租回或直接租赁并无区别。（　　）

10. 发行普通股筹资，既能为企业带来杠杆利益，又具有抵税效应，所以企业在筹资时应优先考虑发行普通股。（　　）

11. 在息税前利润大于 0 的情况下，只要企业存在固定性经营成本，那么经营杠杆系数必大于 1。（　　）

12. 资本成本是企业筹资付出的代价，一般用相对数来表示，即资金占用费加上资金筹集之和除以筹资总额。（　　）

13. 在个别资本成本一定的情况下，综合资本成本取决于资本总额。（　　）

14. 最佳资本结构是使企业筹资能力最强、财务风险最小的资本结构。（　　）

15. 无论是经营杠杆系数变大，还是财务杠杆系数变大，都可能导致企业的总杠杆系数变大。（　　）

16. 经营杠杆能够扩大市场和生产等因素变化对利润变动的影响。（　　）

四、计算分析题

1. 某公司 2021 年销售收入为 30 000 万元，销售净利润率为 10%，净利润的 50% 分配给投资者。2021 年 12 月 31 日的资产负债表（简表）如表 4－27 所示。

表 4－27　　资产负债表（简表）

2021 年 12 月 31 日　　单位：万元

资产	期末余额	负债及所有者权益	期末余额
货币资金	3 000	应付账款	1 000
应收账款净额	3 000	应付票据	2 000
存货	6 000	长期借款	9 000
固定资产净值	7 000	实收资本	6 000
无形资产	1 000	留存收益	2 000
资产总计	20 000	负债与所有者权益总计	20 000

该公司 2022 年计划销售收入比 2021 年增长 30%，为实现这一目标，公司需新增设备一台，价值 150 万元。据以往各年财务数据分析，公司流动资产与流动负债随销售额同比率增减。假定公司 2022 年的销售净利率和利润分配政策与 2021 年保持一致。

要求：预测 2022 年企业需要对外筹集的资金量。

2. 光华公司 2021 年 12 月 31 日的简要资产负债表如表 4－28 所示。假定光华公司 2021 年销售额 10 000 万元，销售净利率为 10%，利润留存率 40%。2022 年销售额预计增长 20%，公司有足够的生产能力，无须追加固定资产投资。

表 4-28 光华公司资产负债表

2021 年 12 月 31 日 单位：万元

资产	金额	与销售关系（%）	负债与权益	金额	与销售关系（%）
现金	500	5	短期借款	2 500	N
应收账款	1 500	15	应付账款	1 000	10
存货	3 000	30	预提费用	500	5
固定资产	3 000	N	公司债券	1 000	N
			实收资本	2 000	N
			留存收益	1 000	N
合计	8 000	50	合计	8 000	15

要求：

（1）确定 2022 年企业增加的资金需要量；

（2）确定 2022 年企业外部融资需求量。

3. 某企业取得 5 年期长期借款 200 万元，年利率为 10%，每年付息一次，到期一次还本，借款费用率为 0.2%，企业所得税税率为 20%，该项借款的资本成本率为多少？

4. 某企业以 1 100 元的价格，溢价发行面值为 1 000 元、期限为 5 年、票面利率为 7% 的公司债券一批。每年付息一次，到期一次还本，发行费用率为 3%。所得税税率为 20%，该批债券的资本成本率为多少？

5. 某公司普通股市价 30 元，筹资费用率为 2%，本年发放现金股利每股 0.6 元，预期股利年增长率为 10%。计算该股票的资本成本。

6. 某公司普通股 β 系数为 1.5，此时一年期国债利率为 5%，市场平均报酬率为 15%，则该普通股资本成本率为多少？

7. 某公司本年年末长期资本账面总额为 1 000 万元，其中：银行长期借款 400 万元，占 40%；长期债券 150 万元，占 15%；普通股 450 万元（共 200 万股，每股面值 1 元，市价 8 元），占 45%。个别资本成本分别为：5%、6%、9%。则该公司的平均资本成本为多少？

8. 泰华公司产销某种服装，固定成本 500 万元，变动成本率为 70%。年产销额为 5 000 万元时，变动成本为 3 500 万元，固定成本为 500 万元，息前税前利润为 1 000 万元；年产销额为 7 000 万元时，变动成本为 4 900 万元，固定成本仍为 500 万元，息前税前利润为 1 600 万元。

要求：计算公司的经营杠杆系数。

9. 某企业目前的资产总额为 5 000 万元，资产负债率为 50%，负债的利息率为 10%，全年固定成本和费用总额（含利息）为 550 万元，净利润为 750 万元，适用的企业所得税税率为 25%。

要求：

（1）计算该企业的经营杠杆系数、财务杠杆系数和总杠杆系数。

（2）预计明年销量增加 10%，息税前利润增长率是多少？

10. 某投资项目需要 300 万元的资金投入，现有两个筹资计划。计划 A：全部为权益资本，准备发行6万股普通股；计划B：考虑发行100万元的债务，利率为10%，其余的200万元通过发行4万股普通股来筹集。假设公司所得税率为25%。

要求：计算两个筹资计划的EPS相同时的EBIT。

11. 某公司今年的资本结构是普通股10 000元，长期债券2 000元（年利率为15%），长期借款77 000元（年利率为10%）。当年实现销售收入为120 000元，变动成本为60 000元，固定成本为36 000元。企业适用所得税税率为25%。

要求：

（1）计算息税前利润；

（2）计算经营杠杆系数；

（3）计算财务杠杆系数；

（4）计算总杠杆系数。

12. 某企业筹集长期资金400万元，发行长期债券1.6万张，每张面值为100元，票面利率为11%，筹集费率为2%，所得税税率为25%；以面值发行优先股8万股，每股10元，筹资费率为3%，股息率为12%；以面值发行普通股100万股，每股1元，筹资费率为4%，第一年年末每股股利为0.096元，股利预计年增长率为5%；留存收益为60万元。

要求：根据上述资料计算该企业的综合资本成本率。

13. 某公司今年的净利润为750万元，所得税税率为25%。该公司全年固定成本总额为1 500万元，公司年初发行了1万张公司债券，每张面值为1 000元，发行价格为1 100元，债券年利息为当年利息总额的10%，发行费用占发行价格的2%，计算确定的下一年的财务杠杆系数为2。

要求：根据上述资料计算如下指标：

（1）今年利润总额；

（2）今年利息总额；

（3）今年息税前利润总额；

（4）今年债券资本成本（计算结果保留两位小数）；

（5）下一年的经营杠杆系数。

14. 光华公司目前资本结构为：总资本1 000万元，其中债务资本400万元（年利息40万元）；普通股资本600万元（600万股，面值为1元，市价为5元）。企业由于有一个较好的新投资项目，需要追加筹资300万元，有两种筹资方案：

甲方案：向银行取得长期借款300万元，利息率16%。

乙方案：增发普通股100万股，每股发行价3元。

根据财务人员测算，追加筹资后销售额可望达到1 200万元，变动成本率为60%，固定成本为200万元，所得税税率为20%，不考虑筹资费用因素。

要求：

（1）计算每股收益无差别点；

（2）计算分析两个方案处于每股收益无差别点时的每股收益；

（3）根据财务人员有关追加筹资后的预测，帮助企业进行决策；

（4）若追加筹资后销售额可望达到1 200万元，变动成本率60%，固定成本为200万元，所得税税率20%，分别计算利用两种筹资方式的每股收益。

案例分析

案例一：公司筹资管理可行性评价

一、任务目标

1. 了解筹资渠道和筹资方式，能够确定企业对外筹集的资金数量。
2. 能够计算企业筹资的各个方案的资本成本。
3. 能够运用筹资原理和资本结构理论进行相关决策。

二、任务描述

W电子公司是一家以计算机行业发展为主的产业化、多元化的小型高科技产业公司。公司主要经营中西文系列终端、计算机及其软件、打印机、POS终端等产品，初步形成了以电子信息技术为主体，兼顾硬件、软件和信息服务业、消费电子业三大产业携手发展的产业格局。经过近十年的发展，该公司在“建立现代企业制度，充分发挥人才、资本与经营机制的优势，以电脑信息产业为基础，发展高新技术为先导”的经营宗旨下，经营业绩不断增加，连续多年各项指标均居同行业领先地位。2021年实现销售收入19 022.5万元，预计2022年销售收入为21 521万元，销售净利率3.6%，留存比率为50%。企业目前厂房设备能力已经饱和。假设企业2022年货币资金、应收账款、存货、固定资产、应付账款及其他流动负债与销售收入存在稳定百分比。基于2021年的销售状况与企业当前的资本结构，计算企业需对外筹集的资金数量，分析评价筹资决策方案，并编制2022年的预计资产负债表。

（一）与该任务有关的其他相关信息

W电子公司2021年年末的资产负债表（简表）如表4－29所示。

表4－29　资产负债表

2021年12月31日　　单位：万元

资产		负债与所有者权益	
项目	金额	项目	金额
现金	300	应付账款	3 300
应收账款	2 700	应付费用	1 430
存货	4 800	长期负债	630
固定资产净值	7 500	实收资本	3 450
无形资产	70	留用利润	6 560
资产总额	15 370	负债及所有者权益	15 370

企业2022年对外筹资额有A、B、C三个备选方案。

A方案：按照面值发行长期债券500万元，票面利率为10%，筹资费用率为2%；发行普通股500万元，筹资费用率为5%，预计第一年股利率为10%，以后每年递增3%。

B方案：发行优先股800万元，股利率为15%，筹资费用率为2%；向银行借款200万元，年利率为5%。

C方案：发行普通股500万元，筹资费用率为4%，预计第一年股利率为12%，以后每年递增5%，利用公司留存收益筹资500万元。

公司适用的所得税税率为25%。

（二）完成任务（如表4-30所示）

表4-30 **2022年预计资产负债表** 单位：万元

项目	2021年末资产负债表	2021年销售百分比	2022年预计资产负债表
资产			
现金	300		
应收账款	2 700		
存货	4 800		
固定资产净值	7 500		
无形资产	70		
资产总额	15 370		
负债及所有者权益			
应付账款	3 300		
应付费用	1 430		
长期负债	630		
实收资本	3 450		
留用利润	6 560		
可用资金总额	——		
追加外部筹资额	——		
负债及所有者权益总额	15 370		

三、实践流程

1. 分组讨论案例相关信息；
2. 确定进行项目财务可行性分析的相关信息；
3. 讨论确定进行项目财务可行性分析的切入点；
4. 计算决策相关指标；
5. 根据计算结果进行筹资方案可行性评价及选择；
6. 编制2022年预资产负债表。

案例二：餐饮企业A公司资本结构管理案例分析

A公司主要经营饮料和快餐，在全国拥有三个连锁店。该公司根据经营特点和实际情况，经过多年探索，创建了所谓“净债率”的资本结构管理目标，并力图使净债率保持在 20% ~25% 。

A 公司的净债率是以市场价值为基础计算的。计算公式如下：

$$NDR = \frac{L + S - (C - S)}{N \times P + L + S - (C + M)}$$

式中：NDR 为净债率；L 为长期负债的市场价值；S 为短期负债的市场价值；C 为现金和银行存款；M 为有价证券的价值；N 为普通股股份数；P 为普通股每股市价。

A 公司 2021 年年度财务报告提供的有关资料整理如表 4 –31 所示。

表 4 –31　　A 公司的财务报告数据

项目	账面价值（万元）	市场价值（万元）
长期负债资本	4 200	4 500
短期负债资本	800	900
现金和银行存款	500	500
有价证券价值	500	450
普通股股份数	2 000 万股	
普通股每股市价		5 元

A 公司及同行业主要可比公司 2021 年度有关情况如表 4 –32 所示。

表 4 –32　　A 公司及同行业公司相关情况

可比公司	年息税前利润	长期负债年利息	长期负债市场价值	全部负债市场价值
A 公司	2 000	300	4 200	5 400
B 公司	660	130	860	1 490
C 公司	4 600	270	1 140	1 690
D 公司	470	320	4 130	4 200
E 公司	2 500	340	4 250	4 830

注：A 公司的股权资本成本率为 12%，未来净收益的折现率为 8%，公司所得税税率为 35%。

资料来源：荆新，王化成，刘俊彦．财务管理学［M］．北京：中国人民大学出版社，2006：262 –263.

要求：

（1）计算 A 公司 2021 年年末的净负债率，并说明其是否符合公司规定的净负债率管理目标。

（2）比较以市场价值为基础计算的 A 公司 2021 年年末的长期负债资本和股权资本的比率，并与同行业主要可比公司进行比较分析。

（3）讨论 A 公司以净负债率作为资本结构管理目标是否合理？如果不合理，应该如何修正？

5 项目五 营运资本管理

知识回顾

一、营运资本(如表5-1所示)

表5-1

内容	要点阐释
营运资本的概念	营运资本是指一个企业维持日常经营活动所需要的资本，通常是指流动资产减去流动负债后的差额。用公式表示： 营运资本=流动资产-流动负债 ①流动资产具有占用时间短、周转快、易变现等特点 ②流动负债具有成本低、偿还期短的特点
营运资本的特点	①营运资本的来源具有灵活多样性 ②营运资本的数量具有波动性 ③营运资本的周转具有短期性 ④营运资本的实物形态具有变动性和易变现性
营运资本的管理原则	①保证合理的资金需求 ②提高资金使用效率 ③节约资金使用成本 ④保持足够的短期偿债能力

二、营运资本管理战略（如表5－2所示）

表5－2

<table>
<tr><td>战略类型</td><td colspan="2">流动资产投资策略，是指如何确定流动资产投资的相对规模。流动资产的相对规模，通常用流动资产占总收入的比率来衡量。它是流动资产周转率的倒数，也称1元销售占用流动资产
$流动资产/收入比率=\frac{流动资产}{销售收入}=1元销售占用流动资产$
流动资产的投资策略，决定了投资的总量</td></tr>
<tr><td rowspan="4">流动资产投资战略</td><td>具体内容</td><td>特点</td></tr>
<tr><td>适中的流动资产投资战略</td><td>流动资产最优投资规模，取决于持有成本和短缺成本总计的最小化
流动资产持有成本是指随着流动资产投资上升而增加的成本；短缺成本是指随着流动资产投资水平降低而增加的成本，在两者相等时达到最佳投资规模
适中的营运资本投资战略，就是按照预期的流动资产周转天数、销售额及其增长、成本水平和通货膨胀等因素确定的最优投资规模，安排流动资产投资</td></tr>
<tr><td>宽松的流动资产投资战略</td><td>宽松的流动资产投资战略，是企业持有较多的现金和有价证券，充足的存货，提供给客户宽松的付款条件并保持较高的应收账款水平，表现为安排较高的流动资产/收入比率
这种政策需要较多的流动资产投资，承担较大的流动资产持有成本，主要是资金的机会成本，有时还包括其他的持有成本
但是，充足的现金、存货和宽松的信用条件，使企业中断经营的风险很小，其短缺成本较小</td></tr>
<tr><td>紧缩的流动资产投资战略</td><td>紧缩的投资战略，是公司持有尽可能低的现金和小额的有价证券投资；在存货上作少量投资；采用严格的销售信用政策或禁止赊销，表现为较低的流动资产/收入比率
该政策可以节约流动资产的持有成本，例如节约资金的机会成本。与此同时，公司要承担较大的风险，例如经营中断和丧失销售收入等短缺成本</td></tr>
<tr><td>战略类型</td><td colspan="2">流动资产筹资策略，是指在总体上如何为流动资产筹资，采用短期资金来源还是长期资金来源，或者兼而有之。制定流动资产筹资策略，就是确定流动资产所需资金中短期来源和长期来源的比例
流动资产筹资策略，主要是决定筹资的来源结构</td></tr>
<tr><td rowspan="4">流动资产筹资战略</td><td>具体内容</td><td>特点</td></tr>
<tr><td>配合型筹资战略</td><td>配合型筹资战略的特点是指尽可能贯彻筹资的匹配原则，即长期投资由长期资金支持，短期投资由短期资金支持
对于临时性流动资产，用临时性负债筹集资金，也就是利用短期银行借款等短期金融负债工具取得资金；对于长期性流动资产需求和长期资产，用长期负债和权益资本筹集</td></tr>
<tr><td>激进型筹资战略</td><td>激进型的筹资战略是指短期负债不但满足临时性流动资产的资金需要，还解决部分长期性支持的资金需要
极端激进的筹资战略是全部长期性流动资产都采用短期借款，甚至部分固定资产也采用短期借款
激进型筹资战略下短期负债所占比重较大，所以企业的资本成本较低
激进型筹资战略是一种收益性和风险性均较高的筹资策略</td></tr>
<tr><td>保守型筹资战略</td><td>保守型筹资战略是指短期负债只满足部分临时性流动资产的资金需要，另一部分临时性流动资产和长期资产，则由长期资金来支持
极端保守的筹资策略完全不使用短期借款，全部资金均来自于长期资金来源
保守型筹资战略是一种风险和收益均较低的筹资战略</td></tr>
</table>

三、现金管理

(一)企业持有现金的动机(如表5-3所示)

表5-3

动机	含义	影响因素
交易性需要	交易性需要是指满足日常业务的现金支付需要	主要取决于企业的销售水平，企业销售扩大，销售额增加，所需现金余额也随之增加
预防性需要	预防性需要是指企业为应付意外事件而需要保持的现金支付需要	①企业对现金流量预测的可靠程度 ②企业临时举债能力的强弱 ③企业愿意承担风险的程度
投机性需要	投机性需要是指企业为了抓住各种有利可图的投资机会，获取较大利益而保持的现金	①企业在金融市场的投资机会 ②企业对待风险的态度

(二)现金的成本(如表5-4所示)

表5-4

种类	含义	与现金持有量之间的关系
机会成本	机会成本指企业因保留一定现金余额而丧失的再投资收益	现金持有量越大，机会成本越高 机会成本为决策相关成本
管理成本	管理成本是指企业因持有一定数量的现金而发生的管理费用	具有固定成本的性质，在一定范围内与现金持有量的多少关系不大。决策无关成本
交易成本	企业以有价证券换回现金是要付出代价的(如支付经纪费用)，这被称为现金的交易成本	假定现金每次的交易成本是固定的，在企业一定时期内现金使用量确定的前提下，每次以有价证券换回现金的金额越大，企业平时持有的现金量便越高，转换的次数便越少，现金的交易成本就越低 反之，每次转换现金的金额越低，企业平时持有的现金量便越低，转换的次数会越多，现金的交易成本就越高 可见，现金交易成本与持有量成反比
短缺成本	短缺成本是指在现金持有量不足，又无法及时通过有价证券变现加以补充而给企业造成的损失，包括直接损失和间接损失	现金的短缺成本随现金持有量的增加而下降，随现金持有量的减少而上升，即与现金持有量呈反方向变动关系

(三)现金管理的目标

企业现金管理的目标，就是要在资产的流动性和盈利能力之间作出抉择，以获取最大的收益。

（四）最佳现金持有量的确定

1. 存货模式（如表 5－5 所示）

表 5－5

<table>
<tr><td>决策需考虑的相关成本</td><td>机会成本</td><td>交易成本</td></tr>
<tr><td>与现金持有量的关系</td><td>正比例变动</td><td>反向变动</td></tr>
<tr><td>相关总成本曲线</td><td colspan="2">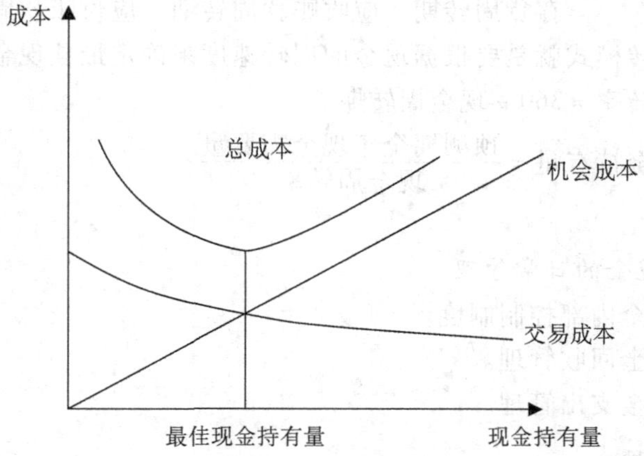
</td></tr>
<tr><td>图析法结论</td><td colspan="2">当机会成本等于交易成本时，相关总成本最低</td></tr>
<tr><td>基本计算公式</td><td colspan="2">$\frac{Q}{2} \times K = \frac{T}{Q} \times F$
整理后可得：$Q^2 = \frac{2T \times F}{K}$
两边开方可得，最佳现金持有量：$Q = \sqrt{\frac{2TF}{K}}$
有价证券交易次数：$N = \frac{T}{Q}$
相关总成本：$TC = \sqrt{2TFK}$
有价证券交易间隔期 $= \frac{\text{预算期天数}}{\text{交易次数}}$</td></tr>
</table>

2. 成本分析模式（如表 5－6 所示）

表 5－6

决策需考虑的相关成本	成本内容	与现金持有量的关系
	①机会成本	正比例变动
	②短缺成本	反向变动
决策原则	最佳现金持有量是使机会成本与短缺成本之和最小的现金持有量	

3. 现金周转模式

现金周转期具体包括以下三个方面：

（1）应付账款周转期，是指企业由下单购料至实际支付货款所需要的时间；

（2）存货周转期，是指企业将原材料投入生产转化为产品并出售所需要的时间；

(3) 应收账款周转期，是指由赊销产品至应收账款收现所需要的时间。

整个营业活动自购买原材料投入生产至应收账款收现所需要的时间即为营业周期。它们之间的关系可以表示为：

营业周期 = 存货周转期 + 应收账款周转期

= 现金周转期 + 应付账款周转期

现金周转期 = 营业周期 - 应付账款周转期

= 存货周转期 + 应收账款周转期 - 应付账款周转期

现金周转模式就是要根据现金的周转速度来确定最佳现金持有量，公式如下：

现金周转率 = 360 ÷ 现金周转期

$$最佳现金持有量 = \frac{预测期全年现金需要量}{现金周转率}$$

(五) 现金的日常管理

(1) 健全内部控制制度。

(2) 现金回收管理。

(3) 现金支出管理。

四、应收账款管理

(一) 应收账款的功能

1. 扩大销售，增加企业的竞争力

2. 减少库存，降低存货风险和管理开支

(二) 应收账款的成本（如表5-7所示）

表5-7

成本类型	含义
机会成本	因投放于应收账款而放弃其他投资所带来的收益，即为应收账款的机会成本 其计算公式如下： ①应收账款占用资金的应计利息（即机会成本）= 应收账款占用资金 × 资本成本率 ②应收账款占用资金 = 应收账款平均余额 × 变动成本率 ③应收账款平均余额 = 日销售额 × 平均收现期 式中：平均收现期指的是各种收现期的加权平均数
管理成本	管理成本是指企业为管理应收账款而耗费的各项开支
坏账成本	坏账成本是指由于某种原因导致应收账款不能收回而给企业造成的损失。坏账成本与应收账款发生的数量成正比。 测算公式：应收账款的坏账成本 = 赊销额 × 预计坏账损失率

(三) 应收账款管理的目标

应收账款管理的目标就是：企业需要在应收账款所增加的盈利和所增加的成本之间

作出权衡。只有当应收账款所增加的盈利大于所增加的成本时，才能够实施应收账款赊销；如果应收账款赊销有着良好的盈利前景，就应当放宽信用条件增加赊销量。

（四）应收账款信用政策（如表5-8所示）

表5-8

信用政策	要点阐释
信用标准	企业要根据客户的信用状况，在降低信用标准所增加的收益和增加的成本之间进行权衡，从而确定合理的信用标准。信用标准的确定通常考虑以下因素：一是同行业竞争对手的情况；二是企业承担违约风险的能力 企业对客户进行信用评级常用“5C评估法”，即从品质、能力、资本、抵押、条件5个方面来评价客户的信用等级
信用条件	信用条件是指企业接受客户信用订单时所提出付款要求，主要包括信用期限、折扣期限及现金折扣等。信用条件的表示通常为“2/10，n/30”
信用期间	信用期间是企业允许顾客从购货到付款之间的时间，或者说是企业给予顾客的付款期间。信用期的确定，主要是分析改变现行信用期对收入和成本的影响
现金折扣政策	现金折扣是企业对顾客在商品价格上所做的扣减。向顾客提供这种价格上的优惠，主要目的在于吸引顾客为享受优惠而提前付款，缩短企业的平均收账期。另外，现金折扣也能招揽一些视折扣为减价出售的顾客前来购货，借此扩大销售量

（五）应收账款信用政策决策

改变信用期的税前损益＝收益增加－成本费用增加

收益的增加＝销售量的增加×单位边际贡献

成本费用的增加＝现金折扣成本的增加＋应收账款机会成本的增加＋坏账损失的增加＋收账费用的增加＋存货增加而多占用资金的应计利息的增加

其中：应收账款应计利息＝应收账款占用资金×资本成本

应收账款占用资金＝应收账款平均余额×变动成本率

应收账款平均余额＝日销售额×平均收现期

结论：如果收益的增加大于成本费用的增加，则改变信用政策。

（六）收账政策的确定

1. 账龄分析表

企业发生的应收账款时间有长有短，有的尚未超过收账期，有的则超过了收账期。一般说来，应收账款拖欠的时间越长，账款催收的难度越大，成为坏账的可能性越大。因此，企业应对应收账款实施严密的监督，随时掌握回收情况。实施对应收账款回收情况的监督，可以通过编制账龄分析表进行。

利用账龄分析表，企业可了解到以下情况：

（1）有多少欠款尚在信用期。

（2）有多少欠款超过了信用期，超过时间长短的款项各占多少，有多少欠款会因拖欠时间太久而可能成为坏账。

2. 收账政策的制定

企业采取积极的收账政策，就会减少应收账款投资，减少坏账损失，但要加大收账成本，甚至会伤害无意拖欠的客户，影响企业与客户的关系；反之，如果采取消极的收账政策，会减少收账费用，但要增加应收账款投资，增加坏账损失。因此企业应制定灵活的收账政策，在增加收账费用，减少坏账损失，减少应收账款机会成本之间进行权衡，若前者小于后者，则说明制定的收账政策是可取的。

（七）应收账款的日常管理

1. 建立健全公司机构内部控制制度
2. 进行信用调查，评估客户信用
3. 应收账款的追踪分析
4. 应收账款坏账准备金制度

五、存货管理

（一）存货的基本内容（如表5-9所示）

表5-9

存货的功能	①保持生产的连续进行 ②保证销售的需要 ③降低进货成本 ④便于均衡生产，降低产品成本 ⑤防止意外事件发生	
存货的成本	取得成本	购置成本 = 年需要量 × 单价
		订货成本 $= F_1 + \frac{D}{Q}K$ 固定订货成本，与订货次数无关 变动订货成本，与订货次数相关：年订货次数 × 每次订货成本
	储存成本	储存成本 = 储存固定成本 + 储存变动成本 $TC_C = F_2 + K_C \frac{Q}{2}$
		固定储存成本，与存货储存数量无关
		变动储存成本与存货储存数量成正比例变动，变动储存成本 = 年平均库存量 × 单位存货年储存成本
	缺货成本	
	以 TC 来表示存货的总成本，它的计算公式为： $TC = TC_a + TC_c + TC_s = F_1 + \frac{D}{Q}K + DU + F_2 + K_c \frac{Q}{2} + TC_s$	
存货管理的目标	进行存货管理，就是在保证生产或销售经营需要的前提下，最大限度地降低存货成本，这就是存货管理的目标	

（二）经济订货批量模型的建立（如表 5－10 所示）

按照存货管理的目标，需要通过合理的进货批量和进货时间，使存货的总成本最低，这个批量叫作经济订货批量或经济批量。

表 5－10

需满足的假设前提	基本公式
①企业能够及时补充存货，即需要订货时便可立即取得存货 ②货物能够集中到货，而不是陆续到货 ③不允许缺货，即无缺货成本，这是因为良好的存货管理本来就不应该出现缺货成本 ④货物的年需求量稳定，并且能够预测，即 D 为已知常量 ⑤存货单价不变，即 U 为已知常量 ⑥企业现金充足，不会因为现金短缺而影响进货 ⑦所需存货市场供应充足，不会因为买不到存货而影响其他	经济订货量：$Q=\sqrt{\frac{2KD}{K_c}}$ 每年最佳订货次数：$N=\frac{D}{Q}$ 存货总成本：$TC=\sqrt{2KDK_c}$ 最佳订货周期：$t=\frac{360}{N}$ 经济订货批量占用资金：$I=\frac{Q}{2}\cdot U$

基本模型的扩展，如表 5－11 所示。

表 5－11

扩展	相关公式
存在数量折扣	存货相关总成本＝存货进价＋相关订货成本＋相关储存成本
存在提前订货期	①企业提前订货时的库存量被称为再订货点，它等于交货时间与每日平均需要量的乘积： 再订货点＝交货时间×每日平均需要量 ②提前订货对存货的经济批量并没有改变，只是采购时间提前而已
存在保险储备	为了防止由于缺货造成损失，就需要多储备一些存货以备不时之需，这部分存货储备量被称为保险储备。保险储备正常情况下不会动用，只有当存货需求过量或送货延迟时才动用 再订货点＝交货时间×每日平均需要量＋保险储备

六、流动负债管理

（一）流动负债筹资的特点

流动负债筹资所筹集的资金可使用时间较短，一般不超过 1 年。流动负债筹资具有以下特点：①筹资速度快，容易取得；②筹资有弹性；③筹资成本低；④筹资风险高。

（二）商业信用（如表 5－12 所示）

商业信用是指企业在商品交易中由于延期付款或延期交货（预收货款）所形成的借贷关系，是企业之间的一种直接信用关系。

表 5-12

商业信用的形式	要点阐释
应付账款	(1) 根据信用条件，应付账款可分为：免费信用，即买方企业在规定的折扣期内享受折扣而获得的信用；有代价信用，即买方企业付出放弃现金折扣的代价而获得的信用；展期信用，即买方企业超过规定的信用期推迟付款而强制获得的信用 (2) 应付账款的成本 $放弃现金折扣的成本=\frac{折扣百分比}{1-折扣百分比}\times\frac{360}{付款期（信用期）-折扣期}$ (3) 利用现金折扣的决策 ①如果能以低于放弃现金折扣的成本的利率借入资金，便应在现金折扣期内用借入的资金支付货款，享受现金折扣 ②如果在折扣期内将应付账款用于短期投资，所得的投资报酬率高于放弃现金折扣的资本成本，则放弃现金折扣 ③如果企业因缺乏资金而欲展延付款期，则需在降低了的放弃现金折扣成本与展延付款而带来的信誉损失之间做出选择
预收账款	预收账款是指销售方按照双方签订的合同和协议，在发出商品之前预先向购货方收取部分或全部货款的信用形式
应付票据	应付票据是企业根据购销合同的要求，在进行延期付款的商品交易时开具的反映债权债务关系的票据
其他应付费用	企业还存在一些在非商品交易中产生的，也是自发性筹资的应付费用，如应付职工薪酬、应交税费、其他应付款等。应付费用使企业受益在前、费用支付在后，相当于享受了借款，在一定程度上缓解了企业的资金需要

(三) 短期借款（如表 5-13 所示）

表 5-13

项目	要点阐释
短期借款	短期借款是企业向银行或其他非银行金融结构借入的期限在1年以内的借款，其重要性仅次于商业信用
短期借款的特点	短期借款可以根据企业的需要安排，比较灵活，也比较容易取得。其缺点也非常突出：短期借款要在短期内偿还，特别是在带有诸多附加条件的情况下，风险更大
短期借款的种类	①按照短期借款的目的和用途不同，可分为生产周转借款、临时借款、结算借款等 ②按照偿还方式不同，可分为一次性偿还借款和分期偿还借款 ③按照利息支付方法不同，可分为收款法借款、贴现法借款和加息法借款 ④按照有无担保，可分为抵押贷款和信用贷款

续表

项目		要点阐释
短期借款信用条件	信贷额度	信贷额度是银行对借款人规定的无担保贷款的最高额。信贷额度的有效期限通常为 1 年，但根据情况也可延期 1 年。一般情况下，企业在批准的信贷额度内，可随时使用银行借款。但是，银行并不承担必须提供全部信贷额度的义务。如果企业信誉恶化，即使银行曾同意过按信贷额度提供贷款，企业也可能得不到借款。这时，银行不承担法律责任
	周转信贷协定	周转信贷协议是银行具有法律义务地承诺提供不超过某一最高限额的贷款协议。在协定的有效期内，只要企业的借款总额未超过最高限额，银行必须满足企业任何时候提出的借款要求。企业享用周转信贷协议，通常要就贷款限额中的未使用部分付给银行一笔承诺费
	补偿性余额	补偿性余额是银行要求借款企业在银行中保持按贷款限额或实际借用额一定百分比（一般为 10%～20%）的最低存款余额。对于银行来说，补偿性余额有助于降低贷款风险，补偿其可能遭受的贷款损失。但对于借款企业来说，补偿性余额则提高了借款的实际利率，加重了利息负担
	借款抵押	银行向财务风险较大的企业或对其信誉不甚有把握的企业发放贷款，有时需要有抵押品担保，以减少其遭受损失的风险。短期借款的抵押品通常是借款企业的应收账款、存货、股票、债券等。抵押借款的成本通常高于非抵押借款
	偿还条件	贷款的偿还有到期一次偿还和在贷款期内定期等额偿还两种方式。一般来说，企业不希望采用后一种偿还方式；而银行不希望采用前一种偿还方式
利率及利息支付方式	利率	①优惠利率 ②浮动优惠利率 ③非优惠利率
	利息支付方式	①收款法，又叫利随本清法，是指在借款到期时一次向银行支付本息的方法。在这种方法下，借款的名义利率与实际利率一致 ②贴现法，是银行向企业发放贷款时，先从本金中扣除利息，而到期时借款企业则要偿还贷款全部本金的一种计息方法。采用这种方法，贷款的实际利率高于名义利率 ③加息法，是银行发放分期等额偿还贷款时采用的收取利息方法。由于贷款本息在贷款期内分期等额偿还，借款企业实际上只平均使用了贷款本金的半数，却支付了全额利息。这样，企业借款的实际利率便高于名义利率大约 1 倍 $加息法实际利率=\frac{利息额}{贷款额\div 2}=\frac{贷款额\times 名义利率}{贷款额\div 2}=名义利率\times 2$

职业能力训练

一、单选题

1. 下列各项中，可用于计算营运资本的算式是（　　）。

A. 资产总额 - 负债总额　　B. 流动资产总额 - 负债总额

C. 流动资产总额 - 流动负债总额　　D. 速动资产总额 - 流动负债总额

2. 某公司在营运资金管理中，为了降低流动资产的持有成本、提高资产的收益性，决定保持一个低水平的流动资产与销售收入比率，据此判断，该公司采取的流动资产投资策略是（　　）。

A. 紧缩的流动资产投资策略　　B. 宽松的流动资产投资策略

C. 匹配的流动资产投资策略　　D. 稳健的流动资产投资策略

3. 某公司资产总额为9 000万元，其中永久性流动资产为2 400万元，波动性流动资产为1 600万元。该公司长期资金来源为8 100万元，不考虑其他情形，可以判断该公司的融资战略属于（　　）。

A. 保守型筹资战略　　B. 期限匹配筹资战略

C. 风险匹配筹资战略　　D. 激进型筹资战略

4. 企业采取流动资产保守融资战略，产生的结果是（　　）。

A. 收益性较高，流动性较低　　B. 收益性较低，风险性较低

C. 流动性较高，风险性较低　　D. 收益性较高，流动性较高

5. 企业置存现金的原因，主要是为了满足（　　）。

A. 交易性、预防性、收益性需要　　B. 交易性、投机性、收益性需要

C. 交易性、预防性、投机性需要　　D. 预防性、收益性、投机性需要

6. 在营运资本管理中，企业将"从收到尚未付款的材料开始，到以现金支付该货款之间所用的时间"称为（　　）。

A. 现金周转期　　B. 应付账款周转期

C. 存货周转期　　D. 应收账款周转期

7. 企业评价客户等级，决定给予或拒绝客户信用的依据是（　　）。

A. 信用标准　　B. 收账政策

C. 信用条件　　D. 信用政策

8. 下列各项中，不属于现金支出管理措施的是（　　）。

A. 推迟支付应付款　　B. 提前支付应付款

C. 以汇票代替支票　　D. 争取现金收支同步

9. 下列各项中，不属于企业应收账款成本内容的是（　　）。

A. 机会成本　　B. 管理成本

C. 短缺成本　　D. 坏账成本

10. 在下列各项中，属于应收账款机会成本的是（　　）。

A. 收账费用　　B. 坏账损失

C. 应收账款占用资金的利息　　D. 对客户进行调查的费用

11. 某企业预计下年度销售净额为1 800万元，应收账款周转天数为90天（一年按360天计算），变动成本率为60%，资本成本为10%，则应收账款的机会成本是（　　）万元。

A. 27　　B. 45

C. 108　　D. 180

12. 某企业全年需要 A 材料 2 400 吨，每次订货成本为 400 元，每吨材料年储存成本 12 元，则每年最佳订货次数为（　　）。

A. 12　　B. 6

C. 3　　D. 4

13. 某企业全年需要某零件 18 000 件，均衡耗用。全年生产时间为 360 天，根据经验，该零件从发出订单到进入可使用状态一般需要 10 天，保险储备为 500 件，则再订货点为（　　）件。

A. 1 000　　B. 500

C. 550　　D. 1 800

14. 存货经济订货模型所依据的假设不包括（　　）。

A. 存货总需求量是已知常数　　B. 单位订货成本为常数，无批量折扣

C. 仓储条件及所需现金不受限制　　D. 允许缺货

15. 下列各项中，不属于存货储存成本的是（　　）。

A. 存货仓储费用

B. 存货破损和变质损失

C. 存货储备不足而造成的损失

D. 存货占用资金的应计利息

16. 某企业按“2/10，n/60”的条件购进一批商品。若企业放弃现金折扣，在信用期内付款，则其放弃现金折扣的信用成本率为（　　）。

A. 14.69%　　B. 14.4%

C. 12.24%　　D. 12%

17. 某企业需借入资金 120 万元，由于银行要求将贷款数额的 20% 作为补偿性余额，故企业需向银行申请的贷款数额为（　　）。

A. 120　　B. 144

C. 150　　D. 134.4

18. 某企业获批 100 万元的周转信贷额度，约定年利率为 10%，承诺费率为 0.5%，年度内企业实际动用贷款 60 万元，使用了 12 个月，则该笔业务在当年实际发生的借款成本为（　　）万元。

A. 10　　B. 6

C. 6.2　　D. 10.2

19. 某公司与银行签订的周转信贷额度为 2 000 万元，年利率为 4%，承诺费年费率为 1%，该年度内公司实际向银行贷款 1 800 万元，实际使用三个季度，则该公司应向银行支付承诺费（　　）万元。

A. 6.5　　B. 2

C. 4.55　　D. 5.25

20. 某企业按年利率 4.5% 向银行借款 200 万元，银行要求保留 10% 的补偿性余额，则该项借款的实际利率为（　　）。

A. 4.95%　　B. 5%

C. 5.5%　　D. 9.5%

21. 某企业向银行借款100万元，期限1年，年利率10%。按贴现法计息，则该项贷款的实际利率为（　　）。

A. 11%　　B. 10%

C. 9%　　D. 12%

22. 信用条件为“2/10，n/30”时，预计有40%的客户选择现金折扣优惠，其余在信用期付款，则平均收账期为（　　）天。

A. 16　　B. 28

C. 26　　D. 22

23. 在利用成本模型进行最佳现金持有量决策时，下列成本因素中未被考虑在内的是（　　）。

A. 机会成本　　B. 交易成本

C. 短缺成本　　D. 管理成本

24. 某企业存货年需求量为36 000千克，经济订货批量为600千克，一年按360天计算，则最佳订货期为（　）天。

A. 100　　B. 1.67

C. 60　　D. 6

25. 下列各项中，属于商业信用筹资方式的是（　）。

A. 发行短期融资券　　B. 应付账款筹资

C. 短期借款　　D. 融资租赁

26. 某公司在融资时，对全部固定资产和部分永久性流动资产采用长期融资方式。据此判断，该公司采取的融资战略是（　　）。

A. 保守型融资战略　　B. 激进型融资战略

C. 稳健型融资战略　　D. 期限匹配型融资战略

27. 根据经济订货批量的基本模型，下列各项中，可能导致经济订货批量提高的是（　　）。

A. 每期对存货的总需求降低　　B. 每次订货费用降低

C. 每期单位存货存储费降低　　D. 存货的采购单价降低

28. 运用成本模型计算最佳现金持有量时，下列公式中，正确的是（　）。

A. 最佳现金持有量 = min（管理成本 + 机会成本 + 转换成本）

B. 最佳现金持有量 = min（管理成本 + 机会成本 + 短缺成本）

C. 最佳现金持有量 = min（机会成本 + 经营成本 + 转换成本）

D. 最佳现金持有量 = min（机会成本 + 经营成本 + 短缺成本）

29. 根据经济订货批量基本模型，影响经济订货批量的因素是（　　）。

A. 购置成本　　B. 每次订货变动成本

C. 固定储存成本　　D. 缺货成本

30. 某公司按照2/20，N/60的条件从另一公司购入价值1 000万元的货物，由于资金调度的限制，该公司放弃了获取2%现金折扣的机会，公司为此承担的资本成本率是（　　）。

A. 2.00%　　B. 12.00%

C. 12.24%　　D. 18.37%

31. 采用ABC控制法进行存货管理时，应该重点控制的存货类别是（　　）。

A. 品种较多的存货　　B. 数量较多的存货

C. 库存时间较长的存货　　D. 单位价值较大的存货

二、多选题

1. 在流动资产的筹资策略中，关于激进型筹资策略表述正确的有（　　）。

A. 收益与风险均高　　B. 该策略资本成本较高

C. 长期资金来源小于长期性资产　　D. 短期资金来源大于波动性流动资产

2. 下列说法中，正确的是（　　）。

A. 现金持有量越大，机会成本越高　　B. 现金持有量越低，短缺成本越大

C. 现金持有量越大，管理成本越大　　D. 现金持有量越大，收益越高

3. 运用存货模型确定最佳现金持有量时，考虑的持有现金的相关成本包括（　　）。

A. 机会成本　　B. 转换成本

C. 短缺成本　　D. 管理成本

4. 企业如果延长信用期限，可能导致的结果有（　　）。

A. 扩大当期销售　　B. 延长平均收账期

C. 增加坏账损失　　D. 增加收账费用

5. 在存货订货量决策中，下列关于保险储备的表述正确的有（　　）。

A. 保险储备增加，存货的缺货损失减小

B. 保险储备增加，存货中断的概率变小

C. 保险储备增加，存货的再订货点降低

D. 保险储备增加，存货的储存成本提高

6. 赊销在企业生产经营中所发挥的作用有（　　）。

A. 增加现金　　B. 减少存货

C. 促进销售　　D. 减少借款

7. 确定再订货点，需要考虑的因素有（　　）。

A. 保险储备量　　B. 每天消耗的原材料数量

C. 预计交货时间　　D. 每次订货成本

8. 通常情况下，企业持有现金的机会成本（　　）。

A. 与现金余额成正比　　B. 等于有价证券利息率

C. 与持有时间成反比　　D. 是决策的无关成本

9. 对信用期间的叙述，不正确的是（　　）。

A. 信用期间越长，企业坏账风险越小

B. 信用期间越长，表明客户享受的信用条件越优越

C. 延长信用期间，不利于销售收入的扩大

D. 信用期间越长，应收账款的机会成本越低

10. 在供货企业提供数量折扣的情况下，影响经济订货量的因素是（　　）。

A. 购置成本　　B. 储存成本中的固定成本

C. 储存成本中的变动成本　　　　D. 订货成本中的变动成本

三、判断题

1. 不考虑其他因素的影响，如果企业临时融资能力较强，则其预防性需求的现金持有量一般较低。（　）

2. 企业为了应付突发事件，有必要维持比日常正常运转所需金额更多的现金，这是出于投机性需求。（　）

3. 企业从银行借入短期借款，加息法的利息支付方式会导致实际利率高于名义利率。（　）

4. 企业现金持有量过多会降低企业的收益水平。（　）

5. 企业营运资本余额越大，说明企业风险越小，收益率越高。（　）

6. 一般而言，企业依靠大量的短期负债来满足自身资金需求的做法体现出一种较为保守的筹资策略。（　）

7. 某企业计划购入原材料，供应商给出的条件为“1/20，n/50”，若银行短期借款利率为10%，则企业应在折扣期内支付货款。（　）

8. 补偿性余额的约束有助于降低银行贷款风险，但同时也减少了企业实际可动用的借款额，提高了借款的实际利率。（　）

9. 流动资产的保守融资战略属于低成本、高风险、高收益的融资战略。（　）

10. 根据存货模型，最佳现金持有量是机会成本线和交易成本线交叉点所对应的现金持有量。（　）

11. 企业采用严格的信用标准，虽然会增加应收账款的机会成本，但能扩大商品销售额，从而给企业带来更多的收益。（　）

12. 在确定目标现金余额时，无论成本模型还是存货模型，都需要考虑持有现金的机会成本。（　）

13. 在交货期内，如果发生需求量增大或交货时间延误，就会发生缺货。为防止由此造成的损失，企业应有一定的保险储备。最佳的保险储备应该是使缺货损失达到最低。（　）

14. 在流动资产的三种筹资策略中，使用短期筹资最多的是激进筹资策略。（　）

15. 信贷额度是银行从法律上承诺向企业提供不超过某一最高限额的贷款协定。（　）

四、计算分析题

1. 已知：某公司现金收支平衡，预计全年（按360天计算）现金需要量为250 000元，现金与有价证券的交易成本为每次500元，有价证券年利率为10%。

要求：

（1）计算最佳现金持有量；

（2）计算最佳现金持有量下的全年现金管理总成本、全年现金交易成本和全年现金持有机会成本；

（3）计算最佳现金持有量下的全年有价证券交易次数和有价证券交易间隔期。

2. 某企业每年需耗用A材料45 000件，单位材料年储存成本为20元，平均每次进货费用为180元，A材料全年平均单价为240元。假定不存在数量折扣，不会出现陆续到货和缺货现象。

要求：

（1）计算A材料的经济进货批量；

（2）计算A材料的年度最佳进货批数；

（3）计算A材料的相关进货成本；

（4）计算A材料的相关储存成本；

（5）计算A材料的经济进货批量平均占用资金。

3. 某公司每年需用某种材料6 000件，每次订货成本为150元，每件材料的年储存成本为5元，该种材料的采购价为20元/件，一次订货量在2 000件以上时可获2%的折扣，在3 000件以上时可获5%的折扣。

要求：

（1）公司每次采购多少时成本最低？

（2）若公司最佳安全储备量400件，再订货点为1 000件，假设一年50周，每周工作5天，则公司订货至到货的时间为多少天？

（3）公司存货平均资金占用为多少元？

4. 某公司预计的年度赊销收入为5 000万元，信用条件是“3/10，2/20，n/45”，其变动成本率为40%，资本成本率为10%，收账费用为120万元，坏账损失率为2.5%。预计占赊销额60%的客户会利用3%的现金折扣，占赊销额18%的客户会利用2%的现金折扣，其余客户在信用期内付款。一年按360天计算。

要求：

（1）计算平均收账期；

（2）计算应收账款平均余额；

（3）计算应收账款机会成本；

（4）计算现金折扣成本；

（5）计算该信用政策下的税前损益。

5. 某公司资本成本率为10%。现采用30天按发票金额付款的信用政策，年赊销收入为800万元，边际贡献率为20%，平均收现期为25天，收账费用和坏账损失均占年赊销收入的1%。公司为了加速账款回收和扩大销售收入以充分利用剩余生产能力，准备将信用政策调整为“2/20，1/30，n/40”。预计调整后年赊销收入将增加5%，收账费用和坏账损失分别占年赊销收入的1%、1.2%，有30%的客户在20天内付款，有40%的客户在30天内付款（一年按360天计算）。

要求：根据计算结果说明公司应否改变信用政策。

6. 某公司向银行借入短期借款10 000元，针对支付贷款利息的方式同银行进行了协商后，银行提出三种方案：

（1）采用收款法付息，利率为7%；

（2）采用贴现法付息，利率为6%；

（3）采用加息法付息，利率为5%。

要求：如果你是该公司财务经理，你选择哪种支付利息的方式，并说明理由。

7. A公司是一家服装加工企业，2021年营业收入为3 600万元，营业成本为1 800万元，该公司与经营有关的购销业务均采用赊账方式。假设一年按360天计算。公司简化的资产负债表如表5－14所示。

表5－14 **资产负债表简表**

2021年12月31日 单位：万元

资产	金额	负债和所有者权益	金额
货币资金	211	应付账款	120
应收账款	600	应付票据	200
存货	150	应付职工薪酬	255
流动资产合计	961	流动负债合计	575
固定资产	850	长期借款	300
非流动资产合计	850	负债合计	875
		实收资本	600
		留存收益	336
		所有者权益合计	936
资产合计	1 811	负债和所有者权益合计	1 811

要求：

(1) 计算A公司2021年的营运资本数额；

(2) 2021应收账款周转期、应付账款周转期、存货周转期以及现金周转期（为简化计算，应收账款、存货、应付账款的平均余额均以期末数据代替）；

(3) 在其他条件相同的情况下，如果A公司利用供应商提供的现金折扣，则对现金周转期会产生何种影响？

(4) 在其他条件相同的情况下，如果A公司增加存货，则对现金周转期会产生何种影响？

8. B公司是一家制造类企业，产品的变动成本率为60%，一直采用赊销方式销售产品，信用条件为N/60。如果继续采用N/60的信用条件，预计202×年赊销收入净额为1 000万元，坏账损失为20万元，收账费用为12万元。

为扩大产品的销售量，B公司拟将信用条件变更为N/90。在其他条件不变的情况下，预计202×年赊销收入净额为1 100万元，坏账损失为25万元，收账费用为15万元。假定等风险投资最低报酬率为10%，一年按360天计算，所有客户均于信用期满付款。

要求：

(1) 计算信用条件改变后B公司收益的增加额；

(2) 计算信用条件改变后B公司应收账款成本增加额；

(3) 为B公司作出是否应改变信用条件的决策并说明理由。

9. C公司是一家冰箱生产企业，全年需要压缩机36万台，均衡耗用。全年生产时间为 360 天，每次的订货费用为 160 元，每台压缩机储存费为 80 元，每台压缩机的进价为 900 元。根据经验，压缩机从发出订单到进入可使用状态一般需要 5 天，保险储备量为 2 000 台。

要求：

（1）计算经济订货批量；

（2）计算全年最佳订货次数；

（3）计算最低存货成本；

（4）计算再订货点。

10. 丙公司是一家汽车配件制造企业，近期的销售量迅速增加。为满足生产和销售的需求，丙公司需要筹集资金 495 000 元用于增加存货，占用期限为 30 天。现有三个可满足资金需求的筹资方案：

方案 1：利用供应商提供的商业信用，选择放弃现金折扣，信用条件为“2/10，N/40”。

方案 2：向银行贷款，借款期限为 30 天，年利率为 8%。银行要求的补偿性金额为借款额的 20%。

方案 3：以贴现法向银行借款，借款期限为 30 天，月利率为 1%。

要求：

（1）如果丙公司选择方案 1，计算其放弃现金折扣的机会成本；

（2）如果丙公司选择方案 2，为获得 495 000 元的实际用款额，计算该公司应借款总额和该笔借款的实际年利率；

（3）如果丙公司选择方案 3，为获得 495 000 元的实际用款额，计算该公司应借款总额和该笔借款的实际年利率；

（4）根据以上各方案的计算结果，为丙公司选择最优筹资方案。

11. 甲商场季节性采购一批商品，供应商报价为 1 000 万元，付款条件为“3/10，2.5/30，N/90”，目前甲商场资金紧张，预计到第 90 天才有资金用于支付，若要在 90 内付款只能通过借款解决，银行借款年利率为 6%，假设一年按 360 天计算。有关情况如表 5－15 所示。

表 5－15　应付账款折扣分析表

付款日	折扣率	付款额	折扣额	放弃折扣的信用成本率	银行借款利息	享受折扣的净收益
第 10 天	3%	（A）	30	（D）	（F）	（H）
第 30 天	2.5%	（B）	（C）	（E）	（G）	15.25
第 90 天	0	1 000	0	0	0	0

要求：计算表中 A—G 的数值，写出计算过程，并帮助甲商场作出决策。

案例分析

案例一：家乐福的库存计划模式

在库存商品的管理模式上，家乐福实行品类管理（Category Management），优化商品结构。一个商品进入之后，会有POS机实时收集库存、销售等数据进行统一的汇总和分析，根据汇总分析的结果对库存的商品进行分类。然后，根据不同的商品分类拟订相应适合的库存计划模式，对于各类型的不同商品，根据分类制订不同的订货公式的参数。根据安全库存量的方法，当可得到的仓库存储水平下降到确定的安全库存量或以下时，该系统就会启动自动订货程序。

（1）运用ABC法对物料分类管理。运用ABC分类法对所有物料进行分类。家乐福根据流量大、移动快速，流量始终，以及流量低、转移速度慢三种情况把物料分为A、B和C三类。这就有助于管理部门为每一个分类的品种确立集中的存货战略。

（2）根据品类管理制订不同的库存计划模式。大致而言，存货的管理模式有7种：A/R法（订单直接展开法）、复仓法、安全存量法、定时定购法、定量定购法、MRP法（用料需求规划法）以及看板法（Just - In - Time）。在同一个企业中，同时可以存在两种甚至两种以上的库存计划模式，这取决于物料的类型和企业的管理制度。现假设一家制造企业的物料已经按照ABC分类的概念并结合自身的情况进行了品种分类，分别为A类物料、B类物料和C类物料。A类的特性为：流量大、移动快速，在企业物料中最为重要；管理方式就会采取严密的管理方式和预测准确的库存计划，即使预测的成本较高，也要尽可能使无效库存数为零；管理模式可以是：采用MRP方式。B类的特征为：流量始终的物料，仅次于A类的重要物料品种；管理方式为采用管理中度的管理方式，原则上，同时容许少量风险的无效库存的存在；管理模式可以是采取安全存量的管理方式。C类的特征为：流量低或转移缓慢，相对重要性也较低；管理方式为采用宽松的管制即可，简化仓储出库、入库手续；管理模式是复仓法。

请讨论：

（1）家乐福的库存商品管理模式值得我们借鉴吗？

（2）还有哪些其他的存货管理模式？

案例二：长虹应收账款危机的启示

长虹是“十五”期间的156项重点工程之一，净资产从3 950万元迅猛扩张到133亿元，是“中国彩电大王”，它的股价曾达到66元，是上海A股市场的龙头，就是这样一家我国彩电行业公认的龙头企业、全球第三大彩电生产基地，并且其主导产品享有较高的市场份额的企业，却在2004年，股票连续一段时间暴跌，损失13.3亿元。究其原因主要是应收账款居高不下，造成企业净资产虚化。可见应收账款是埋伏在企业身边的“定时炸弹”，对企业财务安全存在着隐患。具体来说，长虹应收账款危机发生过程大致是应收账款迅速增加，应收账款周转率下降，经营活动中的现金流量减少，最后巨大坏账准备导致公司巨大亏损。

2003年3月5日，《深圳商报》一篇《传长虹在美国遭巨额诈骗》文章，如平地一声惊雷，使外界开始关注四川长虹APEX公司的应收账款问题。四川长虹2002年年报显示，公司对APEX公司应收账款高达38.29亿元人民币。四川长虹随即公告称，文中所述情况与公司的实际不符，应收账款情况正常。至2005年4月中旬，四川长虹公布的2004年年报时，始将公司与APEX一段生意恩怨以数字的方式阐述出来。

2001年，四川长虹开始与APEX发生业务往来，当年只有赊账没有回款，年末形成应收账款4 184万美元，折合人民币3.47亿元。2002年，是双方业务高峰，四川长虹销售给APEX公司6.1亿美元，但回款仅1.9亿美元，形成了4.62亿美元的应收账款，折合人民币38.29亿元。这年，四川长虹跟APEX公司的交易占全年彩电销售的54%，占当年海外销售的91.41%。2003年，销售略降回款增加，当年，四川长虹又销售给APEX4.24亿美元的货物，回款3.49亿美元，但应收账款余额已增至5.37亿美元，折合人民币44.51亿元。与APEX公司的交易占全年彩电销售的33%，占当年海外销售的70%。至2004年，四川长虹基本上结束与APEX的生意，仅向其销售3 559万美元，同时加大回款力度，回款1.09亿美元。然而，四年生意下来，4.63亿美元（折合人民币38.37亿元）的应收账款已经形成。

2004年，四川长虹计提坏账准备3.1亿美元，截至2005年第一季度，四川长虹的应收账款为27.75亿元，占资产总额的18.6%。2005年9月，长虹董事会公告显示，在对APEX4.675亿美元的欠款中，长虹可能从APEX收回的欠款只有1.5亿美元，这意味着还有3.175亿美元（近26亿元人民币）的欠款面临无法收回的境地。这一数字高于自1999~2004年6年间长虹的利润之和。长虹大笔应收账款难以收回，而且，在长虹既往的140亿元净资产中，存货就有将近90亿元。

请思考：

（1）应收账款有哪些弊端？

（2）长虹出现应收账款危机的原因是什么？

（3）通过对长虹应收账款危机案例分析，你得到哪些启示？

6 项目六 股利分配管理

知识回顾

一、股利支付程序和方式(如表6-1所示)

表6-1

项目	要点阐释
利润分配	利润分配是指按照有关政策的规定和顺序，将净利润分配给投资者和留存于公司再投资的活动，是企业在一定时期内所创造的剩余价值总额在企业内外各利益主体之间分割的过程
利润分配的原则	①依法分配原则 ②资本保全原则 ③兼顾各方利益原则 ④分配与积累并重原则 ⑤投资与收益对等原则
利润分配的顺序	①弥补以前年度亏损，但不得超过税法规定的弥补期限(5年) ②缴纳企业所得税 ③弥补在税前利润弥补之后仍存在的亏损 ④提取法定公积金：根据《中华人民共和国公司法》的规定，企业应按当年税后利润(弥补亏损后)的10%提取法定公积金，当法定公积金累计达到注册资本的50%以后，可以不再提取。法定公积金主要用于弥补亏损、转增资本和在企业亏损年度经股东会特别决议后按规定分配股利。用法定公积金转增资本或分配股利后不得低于转增前注册资本的25% ⑤提取任意公积金 ⑥向投资者分配利润

续表

项目		要点阐释
股利支付的程序	决策程序	首先由公司董事会根据公司盈利水平和股利政策，制定股利分配方案，提交股东大会审议，通过后方能生效 董事会即可依股利分配方案宣布，并在规定的股利发放日以约定的支付方式派发 在经上述决策程序之后，公司方可对外发布股利分配公告、具体实施分配方案
	分配信息披露	根据有关规定，公司利润分配方案、公积金转增股本方案须经股东大会批准，董事会应当在股东大会召开后2个月内完成股利派发或股份转增事项。在此期间，董事会必须对外发布股利分配公告，以确定分配的具体程序与时间安排 股利分配公告，一般在股权登记前3个工作日发布。如公司股东较少，股票交易又不活跃，公告日可以与股利支付日在同一天。公告内容包括： ①利润分配方案 ②股利分配对象，为股权登记日当日登记在册的全体股东 ③股利发放方法
	分配程序	以深圳证券交易所的规定为例：对于流通股份，其现金股利由上市公司于股权登记日前划入深交所账户，再由深交所于登记日后第3个工作日划入各托管证券经营机构账户，托管证券经营机构于登记日后第5个工作日划入公司资金账户。红股则于股权登记日后第3个工作日直接计入股东的证券账户，并自即日起开始上市交易
股利支付过程中的重要日期	股利宣告日	股利宣告日是指股东大会通过分配预案并由董事会宣布发放股利的日期
	股权登记日	股权登记日是有权领取本次股利的股东资格登记截止日期。股权登记日是明确是否有资格领取股利的日期界限。只有登记日前在公司股东名册上的股东，才有权分享股利，在次日及以后取得公司股票的股东则没有权利取得这次分派的股利
	除息日	除息日是股权登记日的下一个交易日。在除息日，股票的所有权和领取股息的权利分离，股利权利不再从属于股票，所以在这一天购入公司股票的投资者不能享有已宣布发放的股利
	股利发放日	股利支付日是向股东发放股利的日期。在这一天，公司通过资金清算系统或其他方式，按公布的分红方案向股权登记日在册的股东实际支付股利
股利支付方式	现金股利	现金股利是股份公司以现金的形式发放给股东的股利 上市公司发放现金股利主要出于三个原因：投资者偏好、减少代理成本和传递公司的未来信息 公司采用现金股利形式时，必须具备两个基本条件：第一，公司要有足够的未指明用途的留存收益（未分配利润）；第二，公司要有足够的现金
	股票股利	股票股利是公司以增发的股票作为股利的支付方式
	财产股利	财产股利，是以现金以外的其他财产支付的股利，主要以公司所拥有的其他公司的有价证券，如公司债券、公司股票等，作为股利发放给股东
	负债股利	负债股利是以负债方式支付的股利，通常以公司的应付票据支付给股东，有时也以发行公司债券的方式支付股利
	财产股利和负债股利实际上是现金股利的替代，在我国实务中很少使用，但并非法律所禁止	

二、股利政策及其选择

股利政策是指在法律允许的范围内，企业是否发放股利、发放多少股利以及何时发放股利等方面的方针和对策。

(一) 股利理论 (如表6-2所示)

表6-2

股利理论	要点阐释
股利无关论	股利无关论认为公司的股利政策不会对公司价值(股票价格)产生影响，又称为MM理论。他们指出，在满足一定条件下，公司的股利政策不会对公司的价值或股票的价格产生任何影响。一个公司的股票价格完全由公司的投资决策的获利能力和风险组合决定，而与公司的利润分配政策无关 ①投资者并不关心公司股利的分配 ②股利的支付比率不影响公司价值
股利相关论	①“手中鸟”理论 又称为“一鸟在手”理论。这种理论认为，在不确定的条件下，公司利润在留存收益和股利之间的分配影响股票价格。投资者对股利收益与资本利得收益是有偏好的，大部分投资者更偏向于股利收益，特别是正常的股利收益。随着公司股利支付率的下降，股票价格因此而下跌
	②信号传递理论 这种理论认为，MM理论中关于公司的投资者和管理当局可以相同地获得关于未来投资机会的信息这一假设是不存在的。投资者对未来收益和发展的了解远不如公司管理人员清晰，即存在着某种信息不对称。在这种信息不对称的情形下，现金股利的分配就成了一个难得的信息传播渠道。通常，增加现金股利的支付，向投资者传递的是公司经营状况良好、盈利能力充足的信息，会导致股票价格的上升；反之，减少现金股利的支付，可能给投资者传递的是公司经营状况恶化、前途不甚乐观的信息，会导致股票价格的下跌
	③所得税差异理论 这种理论认为，MM理论中关于不存在个人及公司所得税这一假设是不存在的。该理论认为，由于普遍存在的所得税税率的差异及纳税时间的差异，资本利得收入比股利收入更有助于实现收益最大化目标，企业应当采用低股利政策
	④客户效应理论 该理论认为，投资者不仅对资本利得和股利收入有偏好，即使投资者本身，因其税收类别不同，对公司股利政策的偏好也是不同的。投资者会根据自己的偏好，选择股利政策不同的公司
	⑤代理理论 该理论认为，股利政策有助于减缓管理者与股东之间的代理冲突，即股利政策是协调股东与管理者之间代理关系的一种约束机制，股利的支付能够有效地降低代理成本

(二) 确定股利分配政策应考虑的因素 (如表6-3所示)

表 6－3

因素	内容	要点阐释
法律因素	资本保全约束	公司不能用资本（股本和资本公积）发放股利，股利的支付不能减少法定资本
	资本积累约束	按照规定，公司的税后利润必须先提取法定公积金，同时鼓励企业提取任意公积金。只有当提取的法定公积金达到注册资本的50%时，才可以不再计提
	超额累积利润约束	由于股东接受股利缴纳的所得税高于其进行股票交易的资本利得税，所以，企业通过保留利润来提高其股票价格，可使股东避税。许多国家规定不得超额累积利润，一旦企业的保留盈余超过法律认可的水平，将被加征额外税额
	净利润的约束	规定公司年度累计净利润必须为正数时才可发放股利，以前年度亏损必须足额弥补
	偿债能力约束	企业在确定股利分配数量时，一定要考虑现金股利分配对企业偿债能力的影响。如果企业已经无力偿付到期债务，或因股利的支付而使其失去偿债能力，则不能支付股利，以保护债权人的利益
公司因素	盈余的稳定性	公司能否获得长期稳定的盈余，是其股利分配政策的重要依据。一个公司的盈利越稳定，其股利支付水平就越高
	资产的流动性	企业现金股利的支付能力，在很大程度上受其资产变现能力的限制。一个公司的现金状况和资产流动性越好，其股利支付能力就越强
	举债能力	如果企业的举债能力较强，能够及时筹措到所需资金，有可能采取较为宽松的股利政策；如果企业的举债能力较弱，公司则不得不多留存盈余，从而采取较紧的股利政策
	投资机会	利润分配政策受到企业未来投资机会的影响。有着良好投资机会的企业，往往较少发放现金股利；缺乏良好投资机会的企业，倾向于支付较高的现金股利。处于成长中的企业往往采取低现金股利政策；处于经营萎缩的多采取高现金股利政策
	资本成本	与发行新股相比，保留盈余不需要花费筹资费用，是一种比较经济的筹资渠道。所以，从资本成本考虑，如果企业欲扩大规模，有筹资需要时，可以采取低现金股利政策
股东因素	稳定的收入	那些依靠现金股利维持生活的股东，则非常关注现金股利，特别是稳定的现金股利发放
	控制权的稀释	为避免由于增发新股造成的股权稀释，原有股东就会倾向于较低的股利支付政策，以便从内部的留存收益中取得所需资金
	避税	一般地讲，股利收入的税率要高于资本利得的税率，很多股东出于对避税因素的考虑而偏好于低股利支付水平，因为低股利政策会使他们获得更多纳税上的好处
其他因素	债务合同约束	企业的债务合同，特别是长期债务合同，往往有限制企业现金支付程度的条款，这使企业只得采取低现金股利政策
	所处行业	一般来说，朝阳行业一般处于调整成长期，因而可能进行较高比例的股利支付；而夕阳产业则由于处在发展的衰退期，就难以进行高比例的分红
	通货膨胀	在通货膨胀情况下，由于货币的购买力下降，公司计提的折旧不能满足重置固定资产的需要，需要动用盈余补足重置固定资产的需要，因此通货膨胀时期公司往往采取偏紧的股利政策

（三）股利政策（如表6－4所示）

表6－4

剩余股利政策	含义	剩余股利政策是将股利的分配与企业的资本结构有机地联系起来，即在企业有着良好的投资机会时，首先要根据企业的最佳资本结构（目标资本结构）测算出企业投资所需的权益资本，从企业的未分配利润中扣除所需增加的权益资本，然后将剩余的未分配利润作为股利予以分配
	优点	留存收益优先保证再投资的需要，使综合资本成本最低，保持理想的资本结构，实现企业价值的长期最大化
剩余股利政策	缺点	如果完全遵照执行剩余股利政策，将使股利发放额每年随投资机会和盈利水平的波动而波动。即使在盈利水平不变的情况下，股利将与投资机会的多寡呈反方向变动。而在投资机会维持不变的情况下，股利发放额将因公司每年盈利的波动而同方向波动。剩余股利政策不利于投资者安排收入与支出，也不利于公司树立良好形象，一般适用于公司初创阶段
	适用范围	一般适用于公司的初创阶段
	理论依据	剩余股利政策的理论依据是MM股利无关理论
固定股利支付率政策	含义	固定股利支付率政策是公司确定一个股利占净利润的比率作为固定的股利支付率，并长期按此比率从净利润中支付股利的政策。在这一股利政策下，各年股利额随税后利润的波动而波动，获得净利润较多的年份股利额就高，获得净利润较少的年份股利额就低
	优点	采用该政策，使股利与企业盈余紧密结合，以体现“多盈多分、少盈少分、不盈不分”的原则；公司每年按固定的比例从税后利润中支付现金股利，从企业支付能力的角度看，这是一种稳定的股利政策
	缺点	公司财务压力较大；缺乏财务弹性；确定合理的固定股利支付率难度很大
	适用范围	固定股利支付率政策只能适用于稳定发展的公司和公司财务状况较稳定的阶段
	理论依据	固定股利支付率政策的理论依据是“一鸟在手”理论
固定股利或稳定增长股利政策	含义	固定股利或稳定的股利政策是公司将每年派发的股利额固定在某一特定水平上，然后在一段时间内不论公司的盈利情况和财务状况如何，派发的股利额均保持不变。只有当企业对未来利润增长确有把握，并且这种增长被认为是不会发生逆转时，才增加每股股利额
	优点	①股利政策向投资者传递重要信息。如果公司支付的股利稳定，就说明该公司的经营业绩比较稳定，经营风险较小，有利于股票价格上升 ②稳定的股利政策，是许多依靠固定股利收入生活的股东更喜欢的股利支付方式，它更利于投资者有规律地安排股利收入和支出 ③稳定的股利可能比降低股利或降低股利增长率对稳定股价更为有利
	缺点	公司股利支付与公司盈利相脱离。即不论公司盈利多少，都要支付固定的或按固定比率增长的股利，这可能导致企业资金短缺，财务状况恶化；在企业无利可分的情况下，若依然实施固定或稳定增长的股利政策，会侵蚀公司留存利润和公司资本，是违反我国《公司法》的行为
	适用范围	通常适用于经营比较稳定或正处于成长期的企业，但很难长期采用该政策
	理论依据	采用该政策的理论依据是“一鸟在手”理论和信号传递理论

续表

<table>
<tr><td rowspan="5">低正常股利加额外股利政策</td><td>含义</td><td>低正常股利加额外股利政策是公司事先设定一个较低的经常性股利额，一般情况下，公司每期都按此金额支付正常股利，只有企业盈利较多时，才根据实际情况发放额外股利</td></tr>
<tr><td>优点</td><td>低正常股利加额外股利政策可以赋予企业较大的灵活性；低正常股利加额外股利政策，既可以维持股利的一定稳定性，吸引那些依靠股利度日的股东，又有利于企业的资本结构达到目标资本结构，使灵活性与稳定性较好地相结合，因而为许多企业所采用</td></tr>
<tr><td>缺点</td><td>股利派发仍然缺乏稳定性，额外股利随盈利的变化，时有时无，给人漂浮不定的印象；如果公司较长时期一直发放额外股利，股东就会误认为这是“正常股利”，一旦取消，极易造成公司“财务状况”逆转的负面影响，股价下跌在所难免</td></tr>
<tr><td>理论依据</td><td>理论依据是“一鸟在手”理论和信号传递理论</td></tr>
<tr><td>适用范围</td><td>相对来说，对那些盈利随着经济周期而波动较大的公司，或者盈利与现金流量很不稳定时，低正常股利加额外股利政策也许是一种不错的选择</td></tr>
</table>

三、股票股利、股票分割、股票回购（如表 6－5 所示）

表 6－5

<table>
<tr><td rowspan="4">股票股利</td><td>含义</td><td>股票股利是公司将应分配给股东的股利以股票的形式发放。在我国股票股利通常称为红股，发放股票股利又称为送股或送红股。股票股利是股利分配的主要形式之一</td></tr>
<tr><td>影响</td><td>股票股利不会导致公司现金的流出或负债的增加，同时也并不因此增加公司的财产，但会引起所有者权益各项目的结构发生变化，即将公司的留存收益转化为股本
发放股票股利，不会对公司股东权益总额产生影响，但会发生资金在各股东权益项目间的再分配
发放股票股利虽不直接增加股东财富，也不增加企业价值，但对股东和公司都有特殊意义</td></tr>
<tr><td rowspan="2">优点</td><td>对股东来说，股票股利的优点主要有：
①市场和投资者普遍认为，发放股票股利往往预示着公司会有较大的发展和成长，这样的信息传递会稳定股价或使股价下降比例减小甚至不降反升，股东便可获得股票价值相对上升的好处
②由于股利收入和资本利得税率的差异，会带来资本利得纳税上的好处</td></tr>
<tr><td>对公司来说，股票股利的优点主要有：
①发放股票股利不需要向股东支付资金，在再投资机会较多的情况下，公司可以为再投资提供成本较低的资金，有利于公司的发展
②发放股票股利可以有效地降低每股市价，增加股票的流动性，有效地提高投资者的兴趣，进而使股权更分散，有效防止公司被恶意控制
③发放股票股利可以传递公司未来经营前景良好的信息，从而增强投资者对公司的信心，在一定程度上稳定股票价格</td></tr>
</table>

续表

股票分割	含义	股票分割又称拆股，是公司管理当局将某一特定数额的新股按一定比例交换一定数量的流通在外普通股的行为
	影响	股票分割对公司的资本结构和股东权益不会产生任何影响，一般只会使发行在外的股票总数增加，每股面值降低，并由此引起每股市价下跌，而资产负债表中股东权益各账户的余额都保持不变，股东权益的总额也维持不变
	作用	①降低股票价格，促进股票流通和交易 ②股票分割可向股票市场和广大投资者传递公司业绩好、利润高、增长潜力大的信息，从而能提高投资者对公司的信心 与股票分割相反，如果公司认为其股票价格过低，为了提高股价，会采取反分割措施。反分割又称股票合并或逆向分割，是指将数股面值较低的股票合并为一股面值较高的股票 反分割会降低股票的流通性，提高公司股票投资的门槛，它向市场传递的信息通常是不利的
股票回购	定义	股票回购是指股份公司出资将其发行流通在外的股票以一定价格购回予以注销或作为库存股的一种资本运作方式。公司不得随意收购本公司的股票，只有满足相关法律规定的情形才允许股票回购
	方式	主要包括公开市场回购、要约回购和协议回购三种 ①公开市场回购是指公司在公开交易市场上以当前市价回购股票 ②要约回购是指公司在特定期间向股东发出的以高于当前市价的某一种价格回购既定数量股票的要约 ③协议回购则是指公司以协议价格直接向一个或几个主要股东回购股票
股票回购	动机	①与现金股利相比，股票回购对投资者可产生节税效应 ②向市场传递股价被低估的信息 ③增加每股盈利水平 ④发挥财务杠杆作用 ⑤降低公司被收购风险
	影响	股票回购可能对上市公司经营造成的负面影响 ①股票回购需要大量资金支付回购的成本，易造成资金紧缺，资产流动性变差，影响公司发展后劲 ②回购股票可能使公司的发起人股东更注重创业利润的兑现，而忽视公司长远的发展，损害公司的根本利益 ③股票回购容易导致内幕操纵股价

职业能力训练

一、单选题

1. 下列各项目中，在利润分配中优先的是（　　）。

A. 法定盈余公积　　B. 普通股股利

C. 优先股股利　　D. 任意盈余公积

2. 企业收益分配主要是确定企业的净利润在（　　）两方面进行分配。

A. 债权人和所有者　　B. 投资者和用于再投资

C. 债权人和用于再投资　　D. 投资者与国家

3. 在下列股利分配政策中，能保持股利与利润之间一定的比例关系，并体现风险投资与风险收益对等原则的是（　　）。

A. 剩余股利政策　　B. 固定股利政策

C. 固定股利支付率政策　　D. 低正常股利加额外股利政策

4. 我国上市公司不得用于支付股利的权益资本是（　　）。

A. 资本公积　　B. 任意盈余公积

C. 法定盈余公积　　D. 上年未分配利润

5. 能充分利用筹资成本最低的资本来源，保持理想的资本结构，使综合资本成本最低的收益分配政策是（　　）。

A. 剩余股利政策　　B. 固定股利政策

C. 固定股利支付率政策　　D. 低正常股利加额外股利政策

6. 在下列公司中，通常适合采用固定股利政策的是（　　）。

A. 收益显著增长的公司　　B. 收益相对稳定的公司

C. 财务风险较多的公司　　D. 投资机会较多的公司

7. 下列有关表述中错误的是（　　）。

A. 在除息日之前，股利权从属于股票

B. 在股权登记日之前持有或买入股票的股东才有资格领取本期股利，在当天买入股票的股东没有资格领取本期股利

C. 从除息日开始，新购入股票的人不能分享本次已宣告发放的股利

D. 自除息日起的股票价格中不包含本次派发的股利

8. 在下列股利分配政策中，能保持股利与收益之间一定的比例关系，并体现多盈多分、少盈少分、无盈不分原则的是（　　）。

A. 剩余股利政策　　B. 固定股利政策

C. 固定股利支付率政策　　D. 低正常股利加额外股利政策

9. 在下列各项中，能够增加普通股股票发行在外股数，但不改变公司资本结构的行为是（　　）。

A. 支付现金股利　　B. 增发普通股

C. 股票分割　　D. 股票回购

10. 在确定公司的利润分配政策时，应当考虑相关因素的影响，其中“资本保全约束”属于（　　）。

A. 股东因素　　B. 公司因素

C. 法律因素　　D. 债务契约因素

11. 领取股利的权利与股票相分离的日期是（　　）。

A. 股权登记日　　B. 除息日

C. 股利宣告日　　D. 股利发放日

12. 我国公司常采用的股利分配方式是（　　）。

A. 现金股利和财产股利
B. 现金股利和负债股利
C. 现金股利和股票股利
D. 股票股利和财产股利

13. 主要依靠股利维持生活的股东最赞成的公司股利政策是（　　）。

A. 剩余股利政策
B. 固定股利政策
C. 固定股利支付率政策
D. 低正常股利加额外股利政策

14. 如果某公司以所持有的其他公司的有价证券作为股利发放给本公司股东，则该股利支付方式属于（　　）。

A. 负债股利
B. 现金股利
C. 财产股利
D. 股票股利

15. 某企业年初未分配利润为借方余额50万元，当年净利润为100万元，则当年以10%提取的法定盈余公积为（　　）万元。

A. 15
B. 5
C. 7.5
D. 10

16. 下列各项中，不会引起所有者权益总额变动的股利支付形式是（　　）。

A. 现金股利
B. 股票股利
C. 负债股利
D. 财产股利

17. 下列各项中，可以改变资本结构的是（　　）。

A. 股票回购
B. 股票股利
C. 股票分割
D. 股票合并

18. 股利的支付可减少管理层可支配的自由现金流量，在一定程度上可以抑制管理层的过度投资或在职消费行为，这种观点体现的股利理论是（　　）。

A. 股利无关理论
B. 信号传递理论
C. “一鸟在手”理论
D. 代理理论

19. 下列关于股利分配政策的表述中，正确的是（　　）。

A. 公司盈余的稳定程度与股利支付水平负相关
B. 偿债能力弱的公司一般不应采用高现金股利政策
C. 基于控制权的考虑，股东会倾向于较高的股利支付水平
D. 债权人不会影响公司的股利分配政策

20. 某公司近年来经营业务不断拓展，目前处于成长阶段，预计现有的生产经营能力能够满足未来10年稳定增长的需要，公司希望其股利与公司盈余紧密配合。基于以上条件，最为适宜该公司的股利政策是（　　）。

A. 剩余股利政策
B. 固定股利政策
C. 固定股利支付率政策
D. 低正常股利加额外股利政策

21. 某股利分配理论认为，由于对资本利得收益征收的税率低于对股利收益征收的税率，企业应采用低股利政策。该股利分配理论是（　　）。

A. “手中鸟”理论
B. 信号传递理论
C. 所得税差异理论
D. 代理理论

22. 下列股利理论中，支持“低现金股利有助于实现股东利益最大化目标”观点的

是（　　）。

A. “手中鸟”理论　　B. 信号传递理论

C. 所得税差异理论　　D. 代理理论

23. 公司采用固定股利政策发放股利的好处主要表现为（　　）。

A. 降低资本成本　　B. 维持股价稳定

C. 提高支付能力　　D. 实现资本保全

24. 按照剩余股利政策，假定某公司资本结构是30%的负债资本，70%的股权资本，明年计划投资800万元，今年年末股利分配时，为满足投资需求，应从税后净利润中保留（　　）万元。

A. 180　　B. 240

C. 800　　D. 560

25. 股票股利与股票分割都将增加股份数量，二者的主要差别在于是否会改变公司的（　　）。

A. 资产总额　　B. 股东权益总额

C. 股东权益的内部结构　　D. 股东持股比例

二、多选题

1. 股利支付的方式有（　　）。

A. 现金股利　　B. 股票股利

C. 财产股利　　D. 负债股利

2. 目前，我国上市公司的股利分配形式主要是（　　）。

A. 现金股利　　B. 股票股利

C. 财产股利　　D. 负债股利

3. 企业发生的经营性亏损，一般可用（　　）进行弥补。

A. 以前年度的盈余公积　　B. 以后年度的税前利润

C. 以后年度的税后利润　　D. 投资人投入的资本

4. 上市公司发行股票股利可能导致的结果有（　　）。

A. 公司股东权益内部结构发生变化　　B. 公司股东权益总额发生变化

C. 公司每股利润下降　　D. 公司股份总额发生变化

5. 按照资本保全约束的要求，公司发放股利所需资金的来源包括（　　）。

A. 当期利润　　B. 留存收益

C. 原始投资　　D. 股本

6. 公司在制定利润分配政策时应考虑的因素有（　　）。

A. 股东因素　　B. 公司因素

C. 法律因素　　D. 债务契约因素

7. 在下列各项中，属于企业进行收益分配应遵循的原则有（　　）。

A. 依法分配原则　　B. 资本保全原则

C. 兼顾各方利益原则　　D. 分配与积累并重原则

8. 影响企业股利政策的法律因素有（　　）。

A. 资本保全限制　　B. 资本积累限制
C. 避税考虑　　D. 偿债能力限制
9. 影响企业股利政策的企业因素有（　　）。
A. 偿债合同约束　　B. 资产的流动性
C. 投资机会　　D. 盈利的稳定性
10. 影响企业股利政策的股东因素有（　　）。
A. 避税考虑　　B. 规避风险
C. 股权稀释　　D. 筹资能力
11. 法定公积金可以用于（　　）。
A. 弥补亏损　　B. 发放股利
C. 扩大公司生产经营　　D. 转增资本
12. 股票分割之后（　　）。
A. 公司价值不变　　B. 股东权益内部结构发生变化
C. 股东权益总额不变　　D. 每股面额降低
13. 财务管理中常用的股利政策有（　　）。
A. 剩余股利政策　　B. 固定股利政策
C. 浮动股利政策　　D. 固定股利支付率政策
14. 采用正常股利加额外股利政策的理由是（　　）。
A. 使企业有较大的灵活性　　B. 能保持理想的资本结构
C. 能吸引偏好稳定收入的投资者　　D. 有利于降低资本成本
15. 支付现金股利（　　）。
A. 会使企业的现金减少　　B. 会使企业的未分配利润减少
C. 不会使企业的所有者权益减少　　D. 会使企业的所有者权益减少
16. 下列关于发放股票股利的表述中，正确的有（　　）。
A. 不会导致公司现金流出　　B. 会增加公司流通在外的股票数量
C. 会改变公司股东权益的内部结构　　D. 会对公司股东总额产生影响
17. 根据股票回购对象和回购价格的不同，股票回购的主要方式有（　　）。
A. 要约回购　　B. 协议回购
C. 杠杆回购　　D. 公开市场回购
18. 处于初创阶段的公司，一般不宜采用的股利分配政策有（　　）。
A. 固定股利政策　　B. 剩余股利政策
C. 固定股利支付率政策　　D. 稳定增长股利政策
19. 下列各项中，属于上市公司股票回购动机的有（　　）。
A. 替代现金股利　　B. 提高每股收益
C. 规避经营风险　　D. 稳定公司股价
20. 企业在确定股利支付率水平时，应当考虑的因素有（　　）。
A. 投资机会　　B. 筹资成本
C. 资本结构　　D. 股东偏好
21. 下列关于剩余股利政策的说法中，正确的有（　　）。

A. 一般适用于公司初创阶段

B. 有利于保持最佳的资本结构

C. 有利于投资者安排收入与支出

D. 从企业支付能力的角度看，是一种稳定的股利政策

三、判断题

1. 公司不能用资本（包括股本和资本公积）发放股利。 ( )

2. 企业预计将有一个投资机会，则选择低股利政策较好。 ( )

3. 从理论上说，债权人不得干预企业的资金投向和股利分配政策。 ( )

4. 固定股利支付率政策的主要缺点，在于公司股利支付与盈利能力相脱节，当盈利较低时仍要支付较高的股利，容易引起公司资金短缺，财务状况恶化。 ( )

5. 企业在以前年度亏损未弥补之前，不得向投资者分配利润。 ( )

6. 股票分割对公司的资本结构和股东权益不会产生任何影响，但会引起每股面值降低，并由此引起每股收益和每股市价下跌。 ( )

7. 采用剩余股利政策的优点是有利于保持理想的资本结构，降低企业的综合资本成本。 ( )

8. 在除息日之前，股利权从属于股票；从除息日开始，新购入股票的人不能分享本次已宣告发放的股利。 ( )

9. 公司向股东分配股票股利，既不会减少公司的现金，也不会减少公司的股东权益总额。 ( )

10. 股票分割会使公司股票总数增加，公司股本总额增加。 ( )

11. 成长中的企业，一般采用低股利政策；处于经营收缩期的企业，则可能采用高股利政策。 ( )

12. 与固定股利政策相比，低正常股利加额外股利政策赋予公司股利发放的灵活性。 ( )

13. 在公司具有良好的投资机会时，剩余股利政策要求公司尽量使用留存收益来满足目标资本结构所需的权益资本数额。 ( )

14. 只要公司拥有足够现金，就可以发放现金股利。 ( )

15. “手中鸟”理论的观点认为，公司分配的股利越多，公司的股票价格越高。 ( )

16. 股票分割会使股票的每股市价下降，可以提高股票的流动性。 ( )

17. 采用固定股利支付率政策分配利润时，股利不受经营状况的影响，有利于公司股票价格的稳定。 ( )

18. 在其他条件不变的情况下，股票分割会使发行在外的股票总数增加，进而降低公司资产负债率。 ( )

19. 代理理论认为，高支付率的股利政策有助于降低企业的代理成本，但同时也会增加企业的外部融资成本。 ( )

20. 所得税差异理论认为，公司应当采用高股利政策对股东有利。 ( )

四、计算分析题

1. 某公司2021年税后净利为800万元，假设2022年由于市场不景气，税后盈余降为600万元，目前公司发行在外普通股为100万股。该公司计划要投资500万元设立新厂，其50%将来自举债，50%来自权益资金。此外，该公司2021年每股股利为4元。

要求：

(1) 若该公司为固定股利支付率政策，则2022年应支付每股股利多少元?

(2) 若依剩余股利政策，则2022年应支付每股股利多少元?

2. 某公司上年实现净利润为180万元，分配的股利为108万元。本年实现的净利润为200万元，年初未分配利润为600万元，年末公司讨论决定股利分配的数额。

要求：计算并回答下列互不关联的问题。

(1) 预计明年需要增加投资资本300万元。公司的目标资本结构为权益资本占55%，债务资本占45%。公司采用剩余股利政策，公司本年应发放多少股利?

(2) 公司采用固定股利政策，公司本年应发放多少股利?

(3) 公司采用固定股利支付率政策，公司本年应发放多少股利?

(4) 公司采用低正常股利加额外股利政策，规定每股股利最低为0.1元，按净利润超过最低股利部分的30%发放额外股利，该公司普通股股数为500万股，公司本年应发放多少股利?

3. 企业2021年实现的净利润为1 600万元，发放的股利为400万元，假设2022年实现净利润为2 500万元，预计2023年投资所需资金为1 000万元。

要求：计算并回答下列互不关联的问题。

(1) 公司采用固定股利政策，要求确定2022年应发放的股利为多少?

(2) 公司采用固定股利支付率政策，要求确定2022年应发放的股利为多少?

(3) 公司采用剩余股利政策，其目标资本结构是负债比重占40%，要求确定2022年应发放的股利为多少?

(4) 若2023年投资所需资金20%靠发行股票，30%靠发行债券，50%利用内部留存收益，要求确定2022年应发放的股利为多少?

4. 东方公司发放股票股利前的股东权益情况如表6-6所示：

表6-6　东方公司股东权益情况表

项　目	金　额
股本（面值1元，已发行300万股）	300万元
资本公积	500万元
未分配利润	1 500万元
股东权益合计	2 300万元

假定公司宣布发放10%的股票股利，若当时该股票市价为9元，计算发放股票股利后的股东权益各项目的情况。

5. 某上市公司在2021年年末，其资产负债表上的股东权益账户情况如下（单位：

万元）：

股东权益：	
普通股（面值10元，流通在外1 000万股）	10 000
资本公积	10 000
盈余公积	7 000
未分配利润	9 000
股东权益合计	36 000

要求：

（1）假设股票市价为15元，该公司宣布发放20%的股票股利，即现有股东每持有10股，即可获得赠送的2股普通股。发放股票股利后，股东权益有何变化？每股净资产是多少？

（2）假设该公司按照1∶2的比例进行股票分割。股票分割后，股东权益有何变化？每股的净资产是多少？

案例分析

丰瑞公司属于股份有限公司，于2013年设立，注册资本4 500万元人民币，采用溢价发行股票的方式募集设立。设立过程中，以超过股票面值1.2倍的价格发行，实得人民币5 400万元。其中，溢价款900万元作为股利分配给股东。由于市场行情变化，该公司设立后连续两年亏损，共计亏损人民币1 500万元。为此，该公司进行了一系列改革，积极开拓市场，使公司在第三年终于扭亏为盈，获利500万人民币。公司考虑到因多年来公司经营不善，股东的利益一直受损，因此决定将获利的500万全部分配给股东，为企业树立积极向上的市场形象。从此，公司业务不断增多，公司发展非常快，不仅弥补了亏损，还连续多年盈利。2021年，公司财务状况良好，法定公积金占公司注册资本55%，公司决定，鉴于公司良好的财务状况，法定公积金可以不再提取。为了增大企业规模，公司股东大会决定把全部法定公积金转为公司资本。

根据以上资料，试讨论下列问题：

（1）该公司将股票溢价发行款作为股利分配是否可行？

（2）该公司在刚开始盈利时将盈利分配给各股东的做法对不对？

（3）公司决定不再提取法定公积金的理由是否充分？

（4）公司股东会能否决定将公司的法定公积金全部转为公司资本？

7

项目七 预算管理

知识回顾

一、预算的基本内容（如表7－1所示）

表7－1

项目	内容阐释
含义	预算是企业根据战略规划、经营目标和资源状况，运用系统方法编制的企业整体经营、资本、财务等一系列业务管理标准和行动计划
作用	明确工作目标；协调部门关系；控制日常活动；考核业绩标准
分类	企业的预算一般包括营业预算、资本预算和财务预算三大类 ①营业预算又称经营预算，是与企业日常经营业务直接相关的各种预算，属于短期预算。就制造业企业而言，营业预算一般包括销售预算、生产预算、成本预算、费用预算等 ②资本预算是对企业投资和筹资业务的预算，属于长期预算。资本预算包括长期投资预算和长期筹资预算 ③财务预算是对企业财务状况、经营成果和现金流量的预算，属于短期预算。财务预算是企业的综合预算，又称为“总预算”；而各种营业预算和资本预算则称为“分预算”。财务预算一般包括现金预算、利润预算、财务状况预算等
体系	各种预算是一个有机联系的整体。一般将由营业预算、资本预算和财务预算组成的预算体系，称为全面预算体系。其结构如图7－1所示： 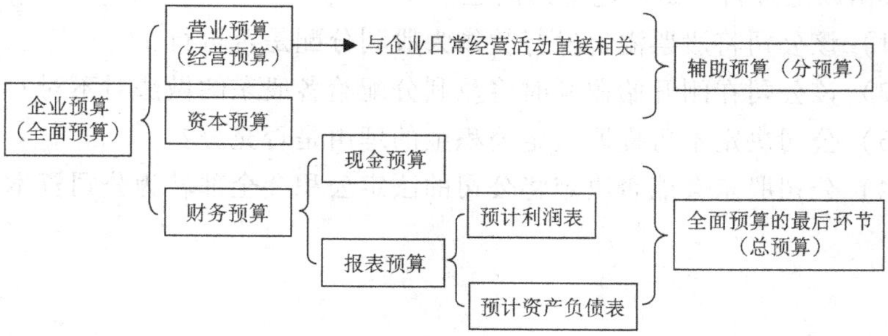 **图7－1　预算体系**

续表

项目	内容阐释
编制程序	基本程序：上下结合、分级编制、逐级汇总 ①下达目标 ②编制上报 ③审查平衡 ④审议批准 ⑤下达执行

二、预算编制方法

（一）固定预算与弹性预算的编制（如表 7－2 所示）

固定预算法与弹性预算法主要用于产品成本、费用和利润的编制，两者之间存在静态与动态之别。

表 7－2

固定预算	定义	固定预算又称静态预算法，是按照某一固定的业务量（如生产量、销售量等）编制预算的方法
	适用	通常适用于业务量水平较为稳定的生产和销售业务的成本费用预算的编制，如直接材料预算、直接人工预算和制造费用预算等
	缺点	①适应性差 ②可比性差
弹性预算	定义	弹性预算又称动态预算法，是在成本性态分析的基础上，以业务量、成本和利润之间的依存关系为依据，以预算期可预见的各种业务量水平为基础，编制能够适用多种情况预算的一种方法，它是为克服固定预算法的缺点而设计的
	适用	主要用于成本费用预算和利润预算，尤其是成本费用预算
	特点	与按特定业务量水平的固定预算相比，弹性预算有两个显著的特点： ①弹性预算是按照一系列业务量水平编制的，从而扩大了预算的适用范围 ②弹性预算是按成本性态分类列示的，在预算执行中可以计算“实际业务量的预算成本”，便于预算执行的评价与考核

（二）增量预算与零基预算的编制（如表 7－3 所示）

增量预算法与零基预算法广泛应用于与营业活动有关的预算的编制，两者的差别在于编制预算的基础不同。

表7－3

增量预算	定义	增量预算又称调整预算法，是指以基期水平为基础，分析预算期业务量水平及有关因素的影响因素的变动情况，通过调整基期项目及数额，编制相关预算的方法
	前提	①企业现有业务活动是合理的，无须进行调整 ②企业现有各项业务活动的开支水平是合理的，在预算期予以保持 ③以现有业务活动和各项活动的开支水平，确定预算期各项活动的预算数 如果不具备以上三个前提条件，如预算期的情况发生变化，预算数额受到基期不合理因素的干扰，可能导致预算的不准确，不利于调动各部门降低费用的积极性
	特点	增量预算法的方法比较简单，但该方法是以过去的水平为基础，不加分析地保留和接受原有的费用项目，实际上是承认过去的支出是合理的，无须改进，所以增量预算最容易掩盖低效率和浪费。采用此预算方法，高层管理者只审查预算增加的部分，结果是某些项目分配到的资金远超过实际的需求
零基预算	定义	零基预算是“以零为基础编制预算”的方法，它不考虑以往期间的费用项目或费用数额，主要根据预算期的需要和可能，分析费用项目和费用数额的合理性，综合平衡编制费用预算
	优点	不受前期费用项目和费用水平的制约，能够调动各部门降低费用的积极性
	缺点	预算编制的工作量大，重点不突出，编制时间长
	程序	①划分基层预算单位，进行动员和讨论 ②确定有关费用存在的必要性，划分不可避免费用和可避免费用 ③确定费用的轻重缓急，划分不可延缓费用和可延缓费用

（三）定期预算与滚动预算的编制（如表7－4所示）

定期预算法和滚动预算法是根据预算期间的固定性和滚动性而区分的两种预算编制方法。

表7－4

定期预算	定义	定期预算是以固定不变的会计期间（如年度、季度、月份）作为预算期编制预算的方法
	优点	保证预算期间与会计期间在时期上配比，便于依据会计报告的数据与预算相比较，考核和评价预算的执行结果
	缺点	不利于前后各个期间的预算衔接，不能适用连续不断的业务活动过程的预算管理，容易导致决策者的短期行为
滚动预算	定义	滚动预算又称连续预算法或永续预算法，是在编制预算时，将预算期与会计年度相脱离，随着预算的执行不断延伸补充预算，逐期向后滚动，使预算期永远保持一个固定期间的一种预算编制方法
	优点	能够保持预算的连续性，有利于结合企业的近期目标和长期目标来考虑企业的业务活动；使预算随时间的推进不断加以调整和修正，能够使预算与实际情况更相适用

三、全面预算的编制

（一）营业预算

营业预算是指企业日常发生的生产经营活动的预算，企业的营业活动涉及供产销各个环节。营业预算包括销售预算、生产预算、直接材料预算、直接人工预算、制造费用预算、产品成本预算、销售费用及管理费用预算等。

1. 销售预算

销售预算是在销售预测的基础上，根据预计的销售数量、销售价格、销售收入等参数，来确定预算期内销售计划和目标的一种业务预算。销售预算是编制全面预算的起点，也是编制其他有关预算的基础。

基本公式：预计销售收入 = 预计销售量 × 预计单价

销售预算中通常还列出销售产生的现金流入，以便为编制现金预算提供必要的资料。其中，各期的现金流入应包括上期销售收入中于本期收到的货款部分和本期销售收入中可于本期收到的货款部分。

2. 生产预算

生产预算是在销售预算的基础上确定预算期内生产数量的一种业务预算，生产预算是所有营业预算中唯一只使用实物量计量单位的预算。

（1）编制基础：销售预算。

（2）特点：只有实物量没有价值量。

（3）基本公式：预计生产数量 = （预计销售数量 + 预计期末产成品存货） − 预计期初产成品存货

3. 直接材料预算

直接材料预算是预算期产品生产直接耗用原材料及原材料采购的预算。

（1）编制基础：生产预算。

（2）基本公式：生产需用数量 = 预计生产量 × 单位产品材料用量

预计材料采购量 = （生产需用数量 + 期末存量） − 期初存量

预计材料采购金额 = 预计材料采购量 × 材料采购单价

由于原材料采购一般需用现金，为编制现金预算，直接材料预算还要预计各期原材料采购的现金流出。各期的现金流出包括偿付上期应付货款和本期应支付的采购货款。

4. 直接人工预算

直接人工预算是确定预算期产品生产直接耗用人工及费用的预算。

（1）编制基础：生产预算。

（2）基本公式：直接人工工时总量 = 单位产品定额工时 × 预计生产量

直接人工费用总额 = 单位工时工资率 × 直接人工工时总量

企业生产产品所耗用的直接人工费用通常以现金支付，因此不需另外预计现金支出，可直接参加现金预算的汇总。

5. 制造费用预算

制造费用预算通常分为变动制造费用预算和固定制造费用预算两部分。

变动制造费用预算以生产预算为基础来编制。如果有完善的标准成本资料，用单位产品的标准成本与产量相乘，即可得到相应的预算金额。如果没有标准成本资料，就需要逐项预计计划产量需要的各项制造费用。

固定制造费用可在上年的基础上根据预期变动加以逐项调整进行预计，通常与本期产量无关，根据每季度实际需要的支付额预计，然后求出全年数。

在企业存在不同的产品品种和基本生产车间、辅助生产车间的情况下，应按照产品品种和生产车间分别编制具体的制造费用预算，并汇总编制企业全部制造费用预算。

为了便于编制现金预算，还需要预计现金支出。在制造费用中，固定资产折旧费用属于非付现成本，不会引起现金流出，计算预算现金支出数时应予以扣除。

6. 产品成本预算

产品成本预算是预算期产品生产成本的预算，其主要内容是产品的单位成本和总成本。

编制基础：生产预算、直接材料预算、直接人工预算和制造费用预算

单位产品成本的有关数据，来自直接材料预算、直接人工预算和制造费用预算。生产数量、期末存量来自生产预算，销售数量来自销售预算。生产成本、存货成本和销货成本等数据，根据单位成本和有关数据计算得出。

7. 销售费用和管理费用预算

销售费用和管理费用预算应包括构成产品成本的料、工、费预算以外预计发生的各种费用项目。在编制预算的过程中，要区分变动费用和固定费用。

为编制现金预算，销售费用和管理费用预算要编制现金支出预算。

(二) 资本支出预算

资本支出预算又称投资决策预算或专门决策预算，通常是指与项目投资决策密切相关的特种决策预算。由于这类预算涉及长期建设项目的资金投放与筹措，并经常跨年度，因此，除个别项目外一般不纳入营业预算，但应计入与此有关的现金预算与预计资产负债表。

(三) 财务预算

1. 现金预算

现金预算又称现金流量预算，它是以日常营业预算和资本支出预算为基础所编制的反映现金收支情况的预算，是企业的一种综合性预算。现金预算的编制主要包括现金收入、现金支出、现金余缺，以及现金的筹措与运用四个部分。

(1) 编制基础：销售预算、直接材料预算、直接人工预算、制造费用预算、销售费用和管理费用预算、资本支出预算。

(2) 基本公式：期初现金余额 + 现金收入 = 可供使用现金

可供使用现金 - 现金支出 = 现金余缺

现金余缺 + 现金筹措 - 现金运用 = 期末现金余额

2. 预计利润表

预计利润表又称利润预算，是企业预算期营业利润、利润总额和税后利润的预算。利润预算是一种综合性预算。

编制基础：销售预算、产品成本预算、销售及管理费用费用预算、现金预算。

3. 预计资产负债表

预计资产负债表是总括反映预算期期末企业的资产、负债和所有者权益状况的一种报表。它是以预算期期初的资产负债表为基础，然后根据计划期各项预算的有关数据进行分析、计算和填列。

编制基础：预算期期初的资产负债表、营业预算、资本支出预算、现金预算、预计利润表。

职业能力训练

一、单选题

1. 某企业当年实际销售费用为6 000万元，占销售额的30%，企业预计下年销售额增加5 000万元，于是就将下年销售费用预算简单地确定为7 500万元（6 000 + 5 000 × 30%）。从中可以看出，该企业采用的预算编制方法为（　　）。

A. 零基预算法　　B. 滚动预算法

C. 弹性预算法　　D. 增量预算法

2. 在下列各项中，其预算期不与会计年度挂钩的预算方法是（　　）。

A. 弹性预算　　B. 零基预算

C. 滚动预算　　D. 固定预算

3. 可以保持预算的连续性和完整性，并能克服传统定期预算的缺点的预算方法是（　　）。

A. 弹性预算　　B. 零基预算

C. 滚动预算　　D. 固定预算

4. 相对于增量预算，下列关于零基预算的表述中错误的是（　　）。

A. 预算编制成本相对较高

B. 预算编制工作量相对较少

C. 以零为起点编制预算

D. 不受历史期不合理因素的而影响

5. 根据预算期内正常的、可实现的某一业务量水平为唯一基础来编制预算的方法称为（　　）。

A. 零基预算　　B. 定期预算

C. 固定预算　　D. 滚动预算

6. 在下列预算编制方法中，基于一系列可预见的业务量水平编制的、能适应多种情况的预算是（　　）。

A. 零基预算　　B. 弹性预算

C. 固定预算　　D. 增量预算

7. 不受现有费用项目和开支水平限制，并能够克服增量预算缺点的预算方法是（　　）。

A. 零基预算方法　　B. 弹性预算方法

C. 固定预算方法　　D. 增量预算方法

8. 某期现金预算中假定出现了正值的现金收支差额，且超过额定的期末现金余额时，单纯从财务预算调剂现金余缺的角度看，该期不宜采用的措施是（　　）。

A. 偿还部分借款利息　　B. 偿还部分借款本金

C. 抛售短期有价证券　　D. 购入短期有价证券

9. 在下列各项中，不属于营业预算内容的是（　　）。

A. 生产预算　　B. 产品成本预算

C. 制造费用预算　　D. 资本支出预算

10. 在下列各项中，不能在销售预算中找到的内容是（　　）。

A. 销售单价　　B. 生产数量

C. 销售数量　　D. 回收应收账款

11. 下列预算中不是在生产预算的基础上编制的是（　　）。

A. 材料采购预算　　B. 直接人工预算

C. 单位生产成本预算　　D. 管理费用预算

12. 已知某企业销售收现率为：当月收现50%，下月收现30%，再下月收现20%。若该企业预计预算期第四季度各月销售收入分别为：50 000元、60 000元、80 000元，则预算期预计资产负债表中年末应收账款项目的金额为（　　）元。

A. 59 000　　B. 68 000

C. 52 000　　D. 40 000

13. 某企业预算期第一季度产品生产量预算为1 500件，单位产品材料用量5千克/件，季初材料库存量1 000千克，第一季度还要根据第二季度生产耗用材料的10%安排季末存量，预计第二季度生产耗用7 800千克材料。材料采购价格预计12元/千克，则该企业第一季度材料采购的金额为（　　）元。

A. 78 000　　B. 87 360

C. 92 640　　D. 99 360

14. 某企业正在编制第四季度的材料采购预算，预计直接材料的期初存量为1 000千克，本期生产消耗量为3 500千克，期末存量为800千克；材料采购单价为每千克25元，材料采购货款有30%当季付清，其余70%在下季付清。该企业第四季度采购材料形成的“应付账款”期末余额预计为（　　）元。

A. 3 300　　B. 24 750

C. 57 750　　D. 82 500

15. 下列选项中一般属于长期预算的有（　　）。

A. 销售预算　　B. 财务预算

C. 管理费用预算　　D. 资本预算

二、多选题

1. 预算的作用主要表现在以下几个方面（　　）。

A. 预算通过引导和控制经济活动、使企业经营达到预期目标

B. 预算可以实现企业内部各个部门之间的协调

C. 预算可以降低企业的经营风险

D. 预算可以作为业绩考核的标准

2. 下列可以作为弹性预算所依据的业务量的是（　　）。

A. 产量　　B. 销售量

C. 直接人工工时　　D. 材料消耗量

3. 在下列各项中，属于营业预算的有（　　）。

A. 销售预算　　B. 现金预算

C. 生产预算　　D. 销售及管理费用预算

4. 下列各项中，属于增量预算基本假定的是（　　）。

A. 以现有业务活动和各项活动的开支水平，确定预算期各项活动的预算数

B. 预算费用标准必须进行调整

C. 原有的各项开支都是合理的

D. 现有的业务活动为企业必需

5. 在财务预算中，专门用以反映企业未来一定预算期内预计财务状况和经营成果的预算为（　　）。

A. 现金预算　　B. 预计资产负债表

C. 销售预算　　D. 预计利润表

6. 下列预算中，需要以生产预算为基础编制的有（　　）。

A. 制造费用预算　　B. 直接人工预算

C. 管理费用预算　　D. 销售费用预算

7. 能在现金预算中反映的内容有（　　）。

A. 资金筹措预算　　B. 损益预算

C. 现金收入预算　　D. 现金支出预算

8. 在编制现金预算的过程中，可作为其编制依据的有（　　）。

A. 营业预算　　B. 预计利润表

C. 预计资产负债表　　D. 资本预算

9. 在编制现金预算时，如果现金余缺大于最佳现金持有量，则企业可采取的措施有（　　）。

A. 偿还部分借款利息　　B. 销售短期有价证券

C. 购入短期有价证券　　D. 偿还部分借款本金

10. 在下列各项预算中，属于财务预算的是（　　）。

A. 销售预算　　B. 预计资产负债表

C. 现金预算　　D. 预计利润表

11. 在编制生产预算时，计算某种产品预计生产量应考虑的因素包括（　　）。

A. 预计材料采购量　　B. 预计产品销售量

C. 预计期初产品结存量　　D. 预计期末产品结存量

12. 滚动预算按其预算编制和滚动的时间单位不同可分为（　　）。

A. 逐月滚动　　B. 逐季滚动

C. 混合滚动　　D. 增量滚动

13. 产品成本预算，是下列哪些预算的汇总（　　）。

A. 生产预算　　B. 直接材料预算

C. 直接人工预算　　　　　　　　　　D. 制造费用预算

14. 下列各项中，能够在材料采购预算中找到的内容有（　　）。

A. 材料消耗量

B. 材料采购单价

C. 材料采购成本

D. 应付材料款的支付情况

15. 下列属于编制预计利润表依据的是（　　）。

A. 各业务预算表　　　　　　　　　B. 资本预算表

C. 现金预算表　　　　　　　　　　D. 预计资产负债表

三、判断题

1. 企业财务管理部门负责企业预算的编制、执行、分析和考核等工作，并对预算执行结果承担责任。（　　）

2. 预算是为实现企业目标而对各种资源和企业活动的详细安排，所以预算必须与企业的战略或目标保持一致。（　　）

3. 相对于零基预算法，增量预算法的优点在于不受历史期经济活动中不合理因素的影响，使预算编制更贴近企业经济活动的需要。（　　）

4. 相对于弹性预算，固定预算以事先确定的目标业务量作为预算编制基础，适应性比较差。（　　）

5. 零基预算是为克服固定预算的缺点而设计的一种先进预算方法。（　　）

6. 在产品成本预算中，产品成本预算金额是将直接材料、直接人工、制造费用以及销售与管理费用的预算金额汇总相加而得到的。（　　）

7. 滚动预算能够使预算期间与会计年度相配合。（　　）

8. 预计财务报表的编制程序是先编制预计利润表，再编制预计资产负债表。（　　）

9. 在编制预计资产负债表时，对表中的年初项目和年末项目均需根据各种营业预算和资本预算的预计数据分析填列。（　　）

10. 销售预算是编制全面预算的出发点和基础。（　　）

四、计算分析题

1. 某企业生产和销售甲产品，预算期四个季度预计销售量分别为1 000件、1 500件、2 000件和1 800件；甲产品预计单位售价100元。假设每季度销售收入中，本季度收回现金60%，另外40%要到下季度才能收回，上年末应收账款余额为62 000元。

要求：

（1）编制预算期的销售预算（如表7－5所示）。

表 7-5　　某公司预算年度销售预算　　单位：元

项目		第一季度	第二季度	第三季度	第四季度	合计
预计销售量（件）						
预计销售单价						
预计销售收入						
预计现金收入	上年应收账款					
	第一季度现销收入					
	第二季度现销收入					
	第三季度现销收入					
	第四季度现销收入					
	现金收入合计					

（2）确定预算期期末应收账款余额。

2. 某企业现着手编制2022年2月的现金收支计划。预计2022年2月初现金余额为8 000元；月初应收账款4 000元，预计月内可收回80%；本月销货50 000元，预计月内销售的收款比例为50%；本月需要采购材料的成本为8 000元，企业每月采购金额中70%当月付现；月初应付账款余额5 000元需在月内全部付清；月内以现金支付工资8 400元；本月制造费用等间接费用付现16 000元；其他经营性现金支出900元；购买设备支出10 000元。

企业现金不足时，可向银行借款，借款金额为1 000元的倍数；现金多余时可购买有价证券。要求月末现金余额不低于5 000元。

要求：

（1）计算经营现金收入；

（2）计算经营现金支出；

（3）计算现金余缺；

（4）确定最佳资金筹措或运用数额；

（5）确定现金月末余额。

3. 某公司根据销售预测，对某产品预算年度的销售量作如下预计：第一季度5 000件，第二季度6 000件，第三季度8 000件，第四季度7 000件。若年初存货量为750件，年末存货量为600件，单位产品材料消耗定额为2千克/件，单位产品工时定额为5小时/件，单位工时的工资额为0.6元。每个季度的期末结存量为下一季度预计消耗量的10%。材料年初结存量为900千克，年末为1 000千克，材料采购单价为10元。

要求：根据以上资料编制该公司的生产预算、直接材料预算和直接人工预算表（如表7-6、表7-7、表7-8所示）。

表 7-6　　某公司预算年度生产预算　　单位：件

项　　目	第一季度	第二季度	第三季度	第四季度	全年
产品销售数量					
加：期末存量					

续表

项　　目	第一季度	第二季度	第三季度	第四季度	全年
产品需要数量					
减：期初存量					
生产数量					

表7-7　　某公司预算年度直接材料预算　　单位：元

项　　目	第一季度	第二季度	第三季度	第四季度	全年
预计生产量（件）					
单位产品材料用量（千克/件）					
预计生产用料总量（千克）					
加：期末存量（千克）					
减：期初存量（千克）					
材料采购总量（千克）					
材料采购单价（元/千克）					
材料采购金额（元）					

表7-8　　某公司预算年度直接人工预算　　单位：元

项　　目	第一季度	第二季度	第三季度	第四季度	全年
预计生产量					
单位产品定额工时					
直接人工工时总量					
单位工时工资率					
直接人工费用总额					

案例分析

达科公司是一家以加工定制零件为主业的小型机械加工企业。2021年年底达科公司资产负债表（简化）数据如表7-9所示。

表7-9　　达科公司2021年度资产负债表（简化）　　单位：元

项目	金额	项目	金额
现金	10 000	应付账款	400 000
交易性金融资产	23 000	应付股利	20 000

续表

项目	金额	项目	金额
应收账款	500 000	负债合计	420 000
材料存货	120 000		
产品存货	230 800	实收资本	800 000
固定资产	1 100 000	未分配利润	580 800
减：累计折旧	183 000	所有者权益合计	1 380 800
资产总计	1 800 800	负债及所有者权益总计	1 800 800

（1）2021 年年底，达科公司接到老客户订单，2022 年专供某大型机械制造商4 600 件专用配件。达科公司的经理估计，如果接下这份订单，公司再无剩余生产能力生产其他产品。根据合同规定，该专用配件的价格是每件 1 200 元，达科公司需按季度向客户交货，四个季度的供货量分别为 900 件、1 100 件、1 400 件、1 200 件。合同规定的付款方式为：各季度的货款在当季支付 60%，其余 40% 在下季付讫。目前该客户欠达科公司 50 万元货款，预计将在 2022 年第一季度付清。

要求：编制达科公司 2022 年度销售预算（如表 7 – 10 所示）。

表 7 – 10　　达科公司 2022 年度销售预算　　单位：元

项　　目		第一季度	第二季度	第三季度	第四季度	合计
预计销量						
预计销售单价						
预计销售收入						
预计现金收入	年初应收账款					
	第一季度现销收入					
	第二季度现销收入					
	第三季度现销收入					
	第四季度现销收入					
	现金收入合计					

（2）达科公司预计，为保证供货的连续性，预算期内各季度的期末产品库存量应达到下期销售量的 20%。同时，根据与客户的长期合作关系来看，公司预算年末的产品库存量应维持和年初相一致的水平，大约 200 件，能够保证及时为客户供货。

要求：编制达科公司 2022 年度生产预算（如表 7 – 11 所示）。

表 7 – 11　　达科公司 2022 年度生产预算　　单位：件

项　　目	第一季度	第二季度	第三季度	第四季度	全年
预计销售数量					
加：期末存量					
减：期初存量					
预计生产数量					

（3）达科公司生产该配件主要使用一种合金材料。根据以往的加工经验来看，单位产品消耗定额为5公斤/件。这种合金材料一直由公司以每公斤200元的价格向一位长期合作的供应商订购，并且双方约定，购货款在购货当季和下季各付50%。目前，达科公司尚欠该供应商400 000元货款，预计将在2022年第一季度付清。公司为保证生产的连续性，规定预算期内各期末的材料库存量应达到下期生产需要量的10%，同时规定各年末的预计材料库存量应维持在600公斤左右。

要求：编制达科公司2022年度直接材料预算（如表7－12所示）。

表7－12　　达科公司2022年度直接材料预算　　单位：元

项　目		第一季度	第二季度	第三季度	第四季度	全年
预计生产量（件）						
单位产品材料消耗定额						
预计生产需要量						
加：期末存量						
减：期初存量						
材料采购量						
材料采购单价						
材料采购金额（元）						
预计现金支出	上期应付采购货款					
	第一季度购料现金支出					
	第二季度购料现金支出					
	第三季度购料现金支出					
	第四季度购料现金支出					
	现金支出合计					

（4）达科公司根据以往的加工经验预计，单位产品定额工时7工时。而依据公司与工人签订的劳动合同规定，单位工时工资率为10元。

要求：编制达科公司2022年度直接人工预算（如表7－13所示）。

表7－13　　达科公司2022年度直接人工预算　　单位：元

项　目	第一季度	第二季度	第三季度	第四季度	全年
预计生产量（件）					
单位产品定额工时（小时）					
直接人工工时总量（小时）					
单位工时工资率（元/小时）					
直接人工费用总额（元）					

（5）根据以往的生产经验，预计公司下年度发生以下几项制造费用：辅助材料与水电费为变动成本，每工时的开支额分别为3元、2元；车间管理人员工资和设备折旧费为固定费用，估计每季度的开支总额分别为10 000元、15 250元；设备维护费为混合成本，每季度要进行一次基本维护，费用大约为15 000元，日常维护费用则与开工

时数有关，估计每小时的维护费约为 2 元。

要求：编制达科公司 2022 年度制造费用预算（如表 7 – 14 所示）。

表 7 – 14　　达科公司 2022 年度制造费用预算　　单位：元

项　目	分配率	第一季度	第二季度	第三季度	第四季度	全年
变动制造费用						
人工工时总量						
辅助材料						
水电费						
设备日常维护费						
小　计						
固定制造费用						
车间管理人员工资						
设备折旧费用						
设备基本维护费						
小　计						
制造费用合计						
减：折旧费						
现金支出合计						

（6）根据直接材料、直接人工、制造费用三项预算，结合 2022 年度预计销售量和期末产品库存量情况，编制 2022 年度产品成本预算（如表 7 – 15 所示）。

固定制造费用分配率 = 161 000/32 200 = 5（元/工时）

表 7 – 15　　达科公司 2022 年度产品成本预算　　单位：元

成本项目	单位产品成本			生产成本	期末存货成本	销售成本
	单价	单位用量	成本			
直接材料	200	5	1000	4 600 000	200 000	4 600 000
直接人工	10	7	70	322 000	14 000	322 000
变动制造费用	7	7	49	225 400	9 800	225 400
固定制造费用	5	7	35	161 000	7 000	161 000
合计	—	—	1 154	5 308 400	230 800	5 308 400

（7）达科公司预计 2022 年度的销售费用只有运输费一项，按照与运输公司的合同约定，每季度支付 13 000 元运费；管理费用包括管理人员工资、办公费和房租三项，均属于固定成本，每季度开支额分别为 6 000 元、4 000 元、10 000 元。

要求：编制达科公司 2022 年度销售与管理费用预算（如表 7 – 16 所示）。

表 7 – 16　　达科公司 2022 年度销售与管理费用预算　　单位：元

项　目	第一季度	第二季度	第三季度	第四季度	全年
销售费用					
运输费					
管理费用					

续表

项目	第一季度	第二季度	第三季度	第四季度	全年
管理人员工资					
办公费					
房租					
管理费用小计					
销售与管理费用合计					

（8）达科公司财务部门根据公司的经营特点和现金流转状况，确定公司的最佳现金持有量是10 000元，当预计现金收支净额不足10 000元时，通过变现有价证券及申请短期银行借款来补足；预计现金收支净额超过10 000元时，超出部分用于归还借款和购入有价证券。达科公司估计，2022年度初公司大约会有23 000元的有价证券储备。此外，公司已和银行商定了为期1年的信贷额度，公司随时可按6%的年利率向银行借款，借款为1 000元的整数倍。银行借款将于季初借入，季末偿还，借款利息按季度支付。

除了日常经营活动所引起的各项现金收支外，达科公司估计2022年还会发生如下现金支付业务：①公司的一台专用设备必须在一季度更新，预计需要支出购置及安装等费用共计130 000元。②公司将在2022年初向股东派发2021年度现金股利20 000元。③估计公司每个季度需要缴纳所得税款5 600元。

要求：根据以上资料，编制达科公司现金预算（如表7－17所示）。

表7－17　　达科公司2022年度现金预算　　单位：元

项目	第一季度	第二季度	第三季度	第四季度	全年
期初现金余额					
加：销售现金收入					
可动用现金合计					
减：现金支出					
材料采购					
直接人工					
制造费用					
销售及管理费用					
购置设备					
现金股利					
所得税					
现金支出合计					
现金多余或不足					
现金的筹措与运用					
向银行借款					
归还银行借款					
支付利息					
出售有价证券					
购入有价证券					
期末现金余额					

（9）达科公司财务人员估计，公司2022年度的股利分配额在2021年度的基础上增长50%，达到30 000元。

要求：根据上述资料汇总，编制达科公司预计利润表（如表7－18所示）。

表7－18 达科公司2022年度预计利润表 单位：元

项 目	金 额
销售收入	
减：销售成本	
销售毛利	
减：销售及管理费用	
营业利润	
减：利息费用	
税前利润	
减：所得税	
税后利润	

（10）达科公司结合预算期内各项业务活动的情况，编制2022年年末的预计资产负债表（如表7－19所示）。

表7－19 达科公司2022年度预计资产负债表 单位：元

项 目	金 额	项 目	金 额
现金		短期借款	
交易性金融资产		应付账款	
应收账款		应付股利	
材料存货		负债合计	
产品存货		实收资本	
固定资产		未分配利润	
减：累计折旧		所有者权益合计	
资产总计		负债及所有者权益总计	

8 项目八 财务分析

知识回顾

一、财务分析

（一）财务分析的基本内容（如表8-1所示）

表8-1

<table>
<tr><td>定义</td><td>财务分析是以企业财务报告及其他相关资料为依据，对企业的财务状况和经营成果进行评价和剖析，反映企业在运营过程中的利弊得失和发展趋势，从而为改善企业财务管理工作和优化经济决策提供重要的财务信息</td></tr>
<tr><td>依据</td><td>开展财务分析需要依据一定的财务数据和其他信息，这些数据和信息包括财务会计报告（由会计报表、会计报表附注、财务情况说明书组成）以及注册会计师的意见、管理层的解释、专家评论、社会责任报告等</td></tr>
<tr><td>目的</td><td>财务分析的目的是要通过分析，满足不同利益主体对财务分析信息的不同需求
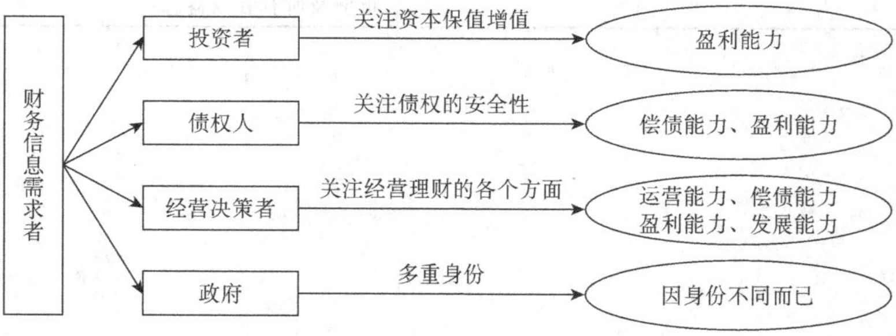
</td></tr>
<tr><td>步骤</td><td>①明确财务分析的目的
②收集财务分析资料
③整理分析资料
④确定财务分析方法
⑤正确计算相关财务比率
⑥进行比较分析和因素分析
⑦撰写财务分析报告</td></tr>
</table>

（二）财务分析的方法（如表 8-2 所示）

表 8-2

比较分析法	含义	比较分析法是对两个或几个有关的可比数据进行对比，从而揭示趋势或差异
	具体运用	（1）按比较对象可分为： ①与本企业历史比，即不同时期（2～10 年）指标相比，也称为“趋势分析” ②与同类企业比，即与行业平均数或竞争对手比较，也称“横向比较” ③与计划预算比，即实际执行结果与计划指标比较，也称“预算差异分析” （2）按比较内容可分为： ①比较会计要素的总量：总量是指报表项目的总金额，例如，总资产、净资产、净利润等。总量比较主要用于时间序列分析，如研究利润的逐年变化趋势，看其增长潜力 ②比较结构百分比：把资产负债表、利润表、现金流量表转换成结构百分比报表。结构百分比报表用于发现有显著问题的项目，揭示进一步分析的方向 ③比较财务比率：财务比率是各会计要素之间的数量关系，反映它们的内在联系。财务比率是相对数，排除了规模的影响，具有较好的可比性，是最重要的分析比较内容
因素分析法	含义	根据分析指标与其驱动因素的关系，从数量上确定各因素对分析指标的影响方向及程度的分析方法
	具体运用	①连环替代法 假定某项财务指标 P 受 a、b、c 三个因素影响，它由 a、b、c 三个因素的乘积构成，即： $P = a \times b \times c$ 将构成 P 的 a、b、c 三个因素，由计划数分别顺序替换为实际数，确定各因素变动对指标 P 的影响。其计算步骤如下： 计划指标：　$P_0 = a_0 \times b_0 \times c_0$ 第一次替代：　$P_1 = a_1 \times b_0 \times c_0$ 第二次替代：　$P_2 = a_1 \times b_1 \times c_0$ 第三次替代：　$P_3 = a_1 \times b_1 \times c_1$ 其中，$P_3 = a_1 \times b_1 \times c_1$ 是实际指标 a 因素变动的影响：　$\Delta P_a = P_1 - P_0$ b 因素变动的影响：　$\Delta P_b = P_2 - P_1$ c 因素变动的影响：　$\Delta P_c = P_3 - P_2$ 各因素的影响合计：　$\Delta P = \Delta P_a + \Delta P_b + \Delta P_c$ ②差额分析法 差额分析法是连环替代法的一种简化形式，它是利用各个因素的比较值与基准值之间的差额，来计算各因素对分析指标的影响
	注意	①因素分解的关联性（指标与因素存在因果关系） ②因素替代的顺序性。替代因素时，必须按照各因素的依存关系，排列成一定的顺序并依次替代，不可随意加以颠倒，否则就会得出不同的计算结果 ③顺序替代的连环性（每次替代是在上一次的基础上进行的） ④计算结果的假定性。分析时力求使这种假定是合乎逻辑的假定，是具有实际经济意义的假定，这样，计算结果的假定性，才不至于妨碍分析的有效性

（三）财务分析的局限性

由于种种因素的影响，财务分析存在着一定的局限性。在分析中，应注意这些局限性的影响，以保证分析结果的正确性。

1. 资料来源的局限性

(1) 报表数据的时效性问题；

(2) 报表数据的真实性问题；

(3) 报表数据的可靠性问题；

(4) 报表数据的可比性问题；

(5) 报表数据的完整性问题。

2. 财务指标比较基础的局限性

在比较分析时，需要选择比较的参照标准，如同业数据、本企业历史数据或计划预算数据，参照标准的合理性影响到财务分析的正确性。

二、偿债能力分析

偿债能力是指公司偿还到期债务（包括本息）的能力。由于债务按到期时间分为短期债务和长期债务，所以偿债能力分析包括短期偿债能力分析和长期偿债能力分析。

(一) 短期偿债能力分析

短期偿债能力是指公司流动资产对流动负债及时、足额偿还的保证程度。分析短期偿债能力的常用指标有两种，一种是差额比较，即营运资本分析；另一种是比率比较，包括流动比率、速动比率和现金比率等（如表8-3所示）。

表8-3

常用指标	公式及分析时需注意的问题
营运资本	营运资本=流动资产-流动负债 营运资本越多，流动负债的偿还越有保障，短期偿债能力越强
流动比率	$流动比率=\frac{流动资产}{流动负债}\times 100\%$ 一般情况下，流动比率越高，反映企业短期偿债能力越强，债权人的权益就越有保证 【注意】 ①从短期债权人的角度看，流动比率越高越好；对股东来说，他们希望企业权衡收益和风险，保持适当的偿债能力；对企业管理当局来说，为了能够取得贷款，他们必须考虑债权人对偿债能力的要求；为了股东的利益，他们必须权衡企业的收益和风险，保持适当的偿债能力；为了自身的利益，则更倾向于维持较高的偿债能力 ②流动比率高，企业偿还短期债务的流动资产保证程度越强，但也可能是存货积压、应收账款增多且收账期延长所致。企业应在分析流动比率的基础上，进一步对现金流量加以考察 ③不存在统一的、标准的流动比率数值
速动比率	$速动比率=\frac{速动资产}{流动负债}\times 100\%$ 【注意】 ①速动比率较之流动比率能够更加准确、可靠地评价企业资产的流动性及其偿还短期债务的能力 ②一般情况下，如果速动比率比较低，必使企业面临较大的偿债风险；如果速动比率比较高，会因企业现金及应收账款资金占用过多而大大增加企业的机会成本 ③与流动比率一样，不同行业的速动比率差别很大

续表

常用指标	公式及分析时需注意的问题
现金比率	$现金比率=\frac{货币资金+交易性金融资产}{流动负债}\times 100\%$ 【注意】 与流动比率和速动比率相比较，用现金比率来衡量企业的短期偿债能力更加准确。现金比率要适度，既要保证偿还短期债务的需要，又要尽可能降低持有过多现金资产的机会成本

（二）长期偿债能力分析

长期偿债能力是指企业偿还长期负债的能力。反映企业长期偿债能力的财务比率主要有：资产负债率，股东权益比率、权益乘数、产权比率和利息保障倍数等（如表8－4所示）。

表8－4

财务比率	公式及分析时需注意的问题
资产负债率	$资产负债率=\frac{负债总额}{资产总额}\times 100\%$ 资产负债率反映企业偿还债务的综合能力，这个比率越高，企业偿还债务的能力越差；反之，偿还债务的能力越强 企业的债权人、股东和企业经营者往往从不同的角度来评价资产负债率： ①从债权人的角度，债权人最关心的是贷给企业的资金的安全性，债权人总是希望企业的负债比率低一些 ②从企业股东的角度，最关心的是投资收益的高低，股东所关心的往往是全部资产报酬率是否超过了借款的利息率 ③从企业经营者的角度，既要考虑企业的盈利，也要顾及企业所承担的财务风险。资产负债率作为财务杠杆不仅反映了企业的长期财务状况，也反映了企业管理当局的进取精神
股东权益比率	$股东权益比率=\frac{股东权益总额}{资产总额}\times 100\%$ 股东权益比率与资产负债率之和等于1。这两个比率从不同的侧面来反映企业长期财务状况，股东权益比率越大，资产负债比率就越小，企业财务风险就越小，偿还长期债务的能力就越强
权益乘数	$权益乘数=\frac{资产总额}{股东权益总额}$ 股东权益乘数越大，表明股东投入的资本在资产中所占比重越小，企业负债程度越高；反之，该比率越小，表明所有者投入企业的资本占全部资产的比重越大，企业的负债程度越低，债权人权益受保护的程度也越高
产权比率	$产权比率=\frac{负债总额}{股东权益总额}\times 100\%$ 产权比率越低，表示企业的长期偿债能力越强，债权人得到的保障程度越高，债权人就越有安全感；反之，比率越高，表示企业长期偿债能力越弱，债权人的安全感越小。因此，这个指标的评价标准，一般应小于1

续表

财务比率	公式及分析时需注意的问题
利息保障倍数	$利息保障倍数=\frac{息税前利润}{利息费用}=\frac{净利润+利息费用+所得税费用}{利息费用}$ 分子中的“利息费用”是指计入本期利润表中财务费用的利息费用；分母的“利息费用”指本期的全部应付利息，既包括计入利润表中财务费用的利息费用，也包括计入资产负债表固定资产中的资本化利息 利息保障倍数反映了企业的经营所得支付债务利息的能力。如果这个比率太低，说明企业难以保证经营所得来按时按量支付债务利息，这会引起债权人的担心。一般来说，企业的利息保障倍数至少要大于1 对企业和所有者来说，也并非简单地认为利息保障倍数越高越好。如果较高的利息保障倍数不是由于高利润带来的，而是由于低利息导致的，则说明企业没有很好地利用财务杠杆作用，未能充分利用举债经营的优势。利息保障倍数的国际标准值为3，下限为1

（三）影响偿债能力的其他因素

1. 可动用的银行贷款指标或授信额度
2. 资产质量
3. 或有事项和承诺事项
4. 经营租赁

三、营运能力分析

营运能力是指企业对资产利用的能力，即资产运用效率的分析，通常用各种资产的周转速度表示。评价企业营运能力的指标主要有：存货周转率、应收账款周转率、流动资产周转率、固定资产周转率和总资产周转率等（如表8－5所示）。

表8－5

财务比率	公式及分析时需注意的问题
应收账款周转率	$应收账款周转率（周转次数）=\frac{营业收入}{应收账款平均余额}$ $应收账款周转期（周转天数）=\frac{计算期天数}{应收账款周转次数}=\frac{计算期天数\times应收账款平均余额}{营业收入}$ $应收账款平均余额=\frac{期初应收账款+期末应收账款}{2}$ 应收账款周转率反映了企业应收账款周转速度的快慢以及应收账款管理效率的高低。应收账款周转率在一定时期内周转次数越多表明： ①企业收账迅速，信用销售管理严格 ②应收账款流动性强，从而增强企业短期偿债能力 ③可以减少收账费用和坏账损失，相对增加流动资产的投资效益 ④通过比较应收账款周转天数及企业信用期限，可评价客户的信用程度，调整企业信用政策 在计算和使用应收账款周转率时，应注意以下问题： ①公式中的应收账款包括会计核算中“应收账款”和“应收票据”等全部赊销账款在内 ②分子、分母的数据应注意时间上的对应性 ③营业收入的赊销比例问题。计算应收账款周转率时应使用赊销额而非营业收入。但是，外部分析人员无法取得赊销数据，只好直接使用营业收入计算。实际上是假设现销是收现时间等于零的应收账款 ④应收账款的减值准备问题。财务报表上列示的应收账款是已经计提减值准备后的净额，而营业收入并未相应减少。其结果是，计提减值准备越多，应收账款周转天数越少。这种周转天数的减少不是业绩改善的结果，反而说明应收账款管理欠佳。如果减值准备的金额较大，就应进行调整，使用未计提减值准备的应收账款计算周转天数。报表附注中披露的应收账款减值信息，可作为调整的依据

续表

财务比率	公式及分析时需注意的问题
存货周转率	存货周转率（周转次数）$=\frac{营运成本}{存货平均余额}$ 存货周转期（周转天数）$=\frac{计算期天数}{存货周转次数}=\frac{计算期天数\times存货平均余额}{营业成本}$ 存货平均余额 $=\frac{期初存货+期末存货}{2}$ 一般来讲，存货周转率越高越好，存货周转率越高，表明其变现的速度越快、周转额越大，资金占用水平越低 在计算和使用存货周转率时，应注意以下问题： ①存货计价方法对存货周转率具有较大的影响，因此，在分析企业不同时期或不同企业的存货周转率时，应注意存货计价方法的口径是否一致 ②分子、分母的数据应注意时间上的对应性 ③应注意应付账款、存货和应收账款（或销售）之间的关系
流动资产周转率	流动资产周转率（周转次数）$=\frac{营业收入}{流动资产平均余额}$ 流动资产周转期（周转天数）$=\frac{计算期天数}{流动资产周转次数}=\frac{计算期天数\times流动资产平均余额}{营业收入}$ 流动资产平均余额 $=\frac{期初流动资产+期末流动资产}{2}$ 流动资产周转率反映了流动资产周转的速度。周转次数越多，周转天数越少，表明流动资产周转速度越快，流动资产的利用效率越好
固定资产周转率	固定资产周转率（周转次数）$=\frac{营业收入}{平均固定资产净值}$ 固定资产周转期（周转天数）$=\frac{计算期天数}{固定资产周转率}=\frac{计算期天数\times平均固定资产净值}{营业收入}$ 平均固定资产净值 $=\frac{固定资产净值年初数+固定资产净值年末数}{2}$ 该指标越高，表明企业利用固定资产创收的能力越强，固定资产的利用效果就越好，企业的营运能力就越强。反之，说明企业的固定资产未得到充分利用，应将闲置的固定资产及时清理
总资产周转率	总资产周转率（周转次数）$=\frac{营业收入}{平均资产总额}$ 总资产周转期（周转天数）$=\frac{计算期天数}{总资产周转率}=\frac{计算期天数\times平均资产总额}{营业收入}$ 平均资产总额 $=\frac{资产总额年初数+资产总额年末数}{2}$ 总资产周转率越高，表明企业全部资产的使用效率越高；反之，如果该指标较低，则说明企业利用全部资产进行经营的效率较差，最终会影响企业的盈利能力

四、盈利能力分析

盈利能力是指企业一定时期内运用各种资源赚取利润的能力。盈利能力指标主要通过收入与利润以及资产与利润之间的关系反映，如营业毛利率、营业净利率、总资产报酬率、股东权益净利率等，还有针对上市公司的特殊财务分析指标，如每股收益、每股股利、市盈率、每股净资产、市净率等（如表 8－6 所示）。

表 8－6

财务比率	公式及分析时需注意的问题
营业毛利率	$营业毛利率=\frac{营业毛利}{营业收入}\times 100\%$ 其中：营业毛利＝营业收入－营业成本 营业毛利率反映产品每1元营业收入所包含的毛利润是多少，营业毛利率越高，表明产品的盈利能力越强
营业净利率	$营业净利率=\frac{净利润}{营业收入}\times 100\%$ 营业净利率反映每1元营业收入最终赚取了多少利润，用于反映产品最终的盈利能力。该比率越大，企业盈利能力越强
总资产净利率	$总资产净利率=\frac{净利润}{平均资产总额}\times 100\%$ 总资产净利率全面反映了企业全部资产的获利水平，因此是企业所有者和债权人都非常关心的指标。一般情况下，该指标越高，表明企业的资产利用效益越好，整个企业的盈利能力越强，经营管理水平越高
股东权益净利率	$股东权益净利率=\frac{净利润}{平均股东权益总额}\times 100\%$ $平均股东权益总额=\frac{股东权益期初数+股东权益期末数}{2}$ 股东权益净利率反映了企业自有资本的获利水平。一般认为，股东权益净利率越高，企业自有资本获取收益的能力越强，运营效益越好，对企业投资人和债权人的保证程度越高
每股收益	$每股收益=\frac{归属于普通股股东的当期净利润}{发行在外的普通股加权平均数}$ 每股收益越高，说明每股获利能力越强，投资者的回报越多；每股收益越低，说明每股获利能力越弱。该指标是衡量上市公司盈利能力时最常用的财务分析指标
每股股利	$每股股利=\frac{普通股股利总额}{年末普通股股数}$ 每股股利反映的是上市公司每一普通股获取股利的大小。每股股利越大，则企业股本获利能力就越强；每股股利越小，则企业股本获利能力就弱
市盈率	$市盈率=\frac{每股市价}{每股收益}$ 市盈率反映了投资者对股票投资收益和投资风险的预期。一般来说，市盈率高，说明投资者对该股票的收益预期看好、投资价值越大，愿意出较高的价格购买该公司股票。反之，投资者对该股票评价越低。另外，市盈率越高，也说明投资于该股票的风险越大；市盈率越低，说明投资于该股票的风险越小
每股净资产	$每股净资产=\frac{期末普通股净资产}{期末发行在外普通股股数}$ 期末普通股净资产＝期末股东权益－期末优先股股东权益 每股净资产显示了发行在外的每一普通股股份所能分配的企业账面净资产的价值。利用该指标进行横向和纵向对比，可以衡量上市公司股票的投资价值。如在企业性质相同、股票市价相近的条件下，某一企业股票的每股净资产越高，则企业发展潜力与其股票的投资价值越大，投资者所承担的投资风险越小

续表

财务比率	公式及分析时需注意的问题
市净率	$市净率=\frac{每股市价}{每股净资产}$ 市净率是投资者用以衡量、分析个股是否具有投资价值的工具之一。一般来说，市净率较低的股票，投资价值较高；反之，则投资价值较低

五、发展能力分析

企业的发展能力，也称企业的成长能力，它是企业通过自身的生产经营活动，不断扩大积累而形成的发展潜能。反映企业发展能力的只要指标有营业收入增长率、总资产增长率、股权资本增长率和利润增长率等（如表 8－7 所示）。

表 8－7

财务比率	公式及分析时需注意的问题
营业收入增长率	$营业收入增长率=\frac{本年营业收入增长额}{上年营业收入总额}\times 100\%$ 本年营业收入增长额＝本年营业收入总额－上年营业收入总额 营业收入增长率是衡量企业经营状况和市场占有能力、预测企业经营业务拓展趋势的重要指标，也是企业扩张增量资本和存量资本的重要前提。该指标大于零，表明企业本年营业收入有所增长，指标值越高，表明其增长速度越快，企业市场前景越好。若该指标小于零，则说明该企业的生产经营等方面存在问题
总资产增长率	$总资产增长率=\frac{本年总资产增长额}{年初资产总额}\times 100\%$ 本年总资产增长额＝年末资产总额－年初资产总额 总资产增长率是从企业资产总量扩张方面衡量企业的发展能力，表明企业规模增长水平对企业发展后劲的影响。该指标越高，表明企业一定时期内资产经营规模扩张的速度越快
股权资本增长率	$股权资本增长率=\frac{本年股东权益增长额}{年初股东权益总额}\times 100\%$ 本年股东权益增值额＝本年股东权益年末余额－本年股东权益年初余额 股权资本增长率反映了企业当年股东权益的变化水平，体现了企业资本的积累能力，是评价企业发展潜力的重要财务指标。一般情况下，该比率越高，说明企业资本积累能力越强，企业的发展能力也越好
利润增长率	$利润增长率=\frac{本年利润总额增长额}{上年利润总额}\times 100\%$ 本年利润增长额＝本年利润总额－上年利润总额 利润增长率反映了企业的盈利能力的变化，该比率越高，说明企业的成长性越高，发展能力越强

六、财务综合分析

财务状况的综合分析是指将企业的偿债能力、营运能力、盈利能力等诸方面的分析纳入一个有机的整体之中，全面地对企业经营状况、财务状况进行剖析，从而对企业经济效益的优劣作出准确的评价与判断。综合指标分析的方法有很多，其中应用比较广泛的有杜邦财务分析体系和沃尔比重评分法。

杜邦财务分析体系（简称杜邦体系，见图8－1）是利用各主要财务比率之间的内在联系，对企业财务状况和经营成果进行综合系统评价的方法。该体系是以股东权益净利率为龙头，以资产净利率和权益乘数为核心，重点揭示企业获利能力及权益乘数对权益净利率的影响，以及各相关指标间的相互作用关系。

$$\text{股东权益净利率}=\frac{\text{净利润}}{\text{营业收入}}\times\frac{\text{营业收入}}{\text{总资产}}\times\frac{\text{总资产}}{\text{股东权益}}$$

$$=\text{营业净利率}\times\text{总资产周转率}\times\text{权益乘数}$$

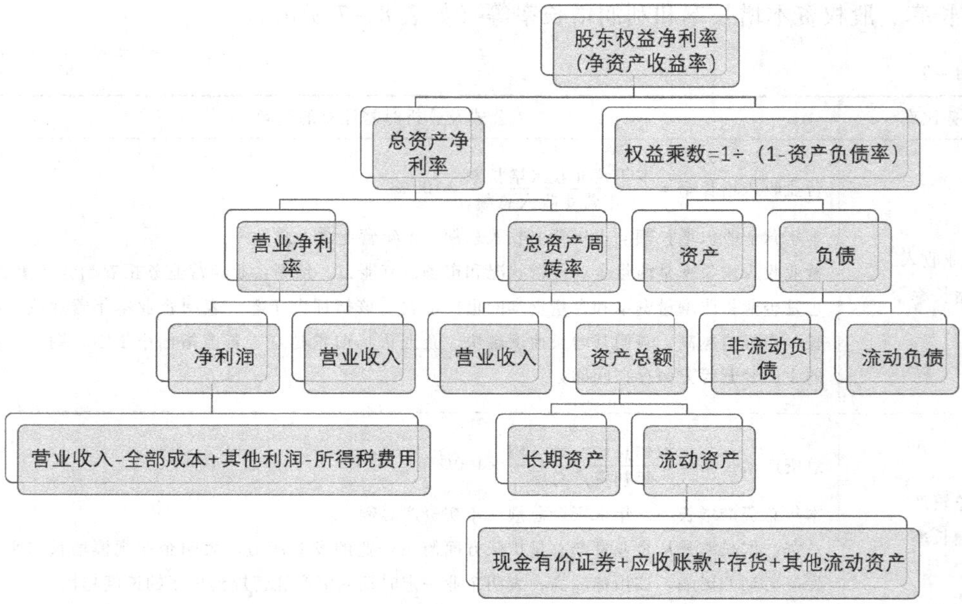

图8－1　杜邦分析体系

从图8－1中可以了解以下问题：

（1）股东权益净利率是一个综合性最强的财务比率，是杜邦体系的起点。该指标反映了企业所有者投入资本的获利能力，说明了企业筹资、投资、资产运营等各项财务及其管理活动的效率，而不断提高股东权益净利率是股东权益最大化的基本保证。

（2）营业净利率反映了企业净利润与营业收入的关系。提高营业净利率是提高企业盈利的关键，主要有两个途径：一是扩大营业收入，二是降低成本费用。

（3）总资产周转率揭示企业资产总额实现营业收入的综合能力。影响总资产周转率的重要因素是资产总额。资产总额由流动资产和长期资产组成，它们的结构合理与否将直接影响资产的周转速度。一般来说，流动资产直接体现企业的偿债能力和变现能力，而长期资产则体现了企业的经营规模、发展潜力。两者直接之间应该有一个合理的比例关系。

（4）权益乘数是受资产负债率影响的指标，反映了股东权益与总资产的关系。权益乘数越大，说明企业负债程度较高，能给企业带来较大的财务杠杆利益，但同时也带来了较大的偿债风险。

通过杜邦体系自上而下逐层分解，可以全方位地揭示与披露企业各项财务指标间的结构关系，查明各主要指标变动的影响因素，为决策者优化经营理财状况，提高企业经营效益提供可靠依据。

职业能力训练

一、单选题

1. 在计算速动比率时，要从流动资产中扣除存货部分，其原因是（　　）。

A. 存货的数量难以确定　　B. 存货的变现能力最低

C. 存货的价值变化大　　D. 存货的质量难以保证

2. 杜邦分析法主要用于（　　）。

A. 变现能力分析　　B. 资产管理能力分析

C. 财务状况综合分析　　D. 长期偿债能力分析

3. 某公司年度销售净收入 315 000 元，应收账款年末数为 18 000 元，年初数为 16 000 元，其应收账款周转次数是（　　）次。

A. 10　　B. 15

C. 18.5　　D. 20

4. 某企业本期资产负债率为 47%，则（　　）。

A. 企业已资不抵债　　B. 企业有较好的偿债能力

C. 不说明什么问题　　D. 企业不具备负债经营能力

5. 下列财务指标中不属于发展能力分析指标的是（　　）。

A. 营业收入增长率　　B. 总资产增长率

C. 股权资本增长率　　D. 资本负债率

6. 下列财务指标中，最能反映企业即时偿付短期债务能力的是（　　）。

A. 资产负债率　　B. 现金比率

C. 流动比率　　D. 权益乘数

7. 权益乘数是（　　）。

A. 1 ÷（1 - 产权比率）　　B. 1 ÷（1 - 资产负债率）

C. 1 - 资产负债率　　D. 1 - 股东权益净利率

8. 某企业普通股每股价格 20 元，每股收益 2 元，则市盈率是（　　）。

A. 10　　B. 0.2

C. 20%　　D. 10%

9. 如果营运资本大于0，则以下结论正确的有（　　）。

A. 速动比率等于0
B. 现金比率大于1
C. 流动比率大于1
D. 短期偿债能力绝对有保障

10. 某企业2022年营业收入为6 000万元，平均流动资产为400万元，平均固定资产为800万元。假定没有其他资产，则该企业2022年的总资产周转率为（　　）。

A. 10
B. 15
C. 7.5
D. 5

11. （　　）是企业财务结构稳健与否的重要标志。

A. 资产负债率
B. 产权比率
C. 现金比率
D. 流动比率

12. 某企业2021年利润总额为700万元，财务费用中的利息支出金额为50万元，计入固定资产的资本化利息金额为30万元，则2021年利息保障倍数为（　　）。

A. 9.375
B. 15
C. 14
D. 9.75

13. （　　）指标是一个综合性最强的财务比率，也是杜邦财务分析体系的核心。

A. 销售利润率
B. 资产周转率
C. 权益乘数
D. 股东权益净利率

14. （　　）不是上市公司特有的财务指标。

A. 每股收益
B. 市盈率
C. 市净率
D. 资产负债率

15. 产权比率越高，通常反映的信息是（　　）。

A. 财务结构越稳健
B. 长期偿债能力越强
C. 股东权益的保障程度越高
D. 财务杠杆效应越强

二、多选题

1. 属于杜邦财务分析系统的指标有（　　）。

A. 股东权益净利率
B. 资本成本率
C. 资产净利润率
D. 资产周转率

2. 下列有关比率中属于反映营运能力的比率的是（　　）。

A. 资产负债率 = 负债总额/资产总额 × 100%
B. 利息保障倍数 = (利润总额 + 利息费用)/利息费用
C. 存货周转率 = 营业成本/存货平均余额
D. 应收账款周转率 = 营业收入/应收账款平均余额

3. 下列各项中，属于速动资产的有（　　）。

A. 货币资金
B. 预收账款
C. 应收账款
D. 存货

4. 下列财务指标中，可以用来反映公司资本结构的有（　　）。

A. 资产负债率
B. 产权比率
C. 营业净利率
D. 总资产周转率

5. 下列有关反映企业状况的财务指标的表述中，正确的有（　　）。
A. 利息保障倍数提高，说明企业支付债务利息的能力降低
B. 应收账款周转率提高，说明企业可能信用销售严格
C. 股东权益净利率越高，说明企业所有者权益的盈利能力越弱
D. 股东权益净利率越高，说明企业所有者权益的盈利能力越强
6. 下列各项中，影响企业偿债能力的有（　　）。
A. 经营租赁　　B. 或有事项
C. 资产质量　　D. 授信额度
7. 下列财务指标中，可以反映长期偿债能力的有（　　）。
A. 总资产周转率　　B. 权益乘数
C. 产权比率　　D. 资产负债率
8. 财务分析的内容主要包括（　　）。
A. 偿债能力分析　　B. 营运能力分析
C. 盈利能力分析　　D. 发展能力分析
9. 下列财务指标中，属于短期偿债能力分析指标的有（　　）。
A. 流动比率　　B. 资产负债率
C. 速动比率　　D. 现金比率
10. 下列指标中，反映偿债能力的指标有（　　）。
A. 流动比率　　B. 速动比率
C. 产权比率　　D. 利息保障倍数
11. 下列财务比率中，可以反映企业盈利能力的是（　　）。
A. 应收账款周转期　　B. 营业净利率
C. 总资产周转率　　D. 股东权益净利率
12. 下列属于反映营运能力的比率有（　　）。
A. 应收账款周转天数　　B. 存货周转次数
C. 资产负债率　　D. 净资产利润率
13. 关于利息保障倍数的说法中错误的有（　　）。
A. 是指企业一定时期利润总额与利息支出的比率
B. 属于短期偿债能力指标
C. 利息保障倍数应当小于 1 为好
D. 可以反映企业盈利能力的大小
14. 流动比率大于 2，有可能说明（　　）。
A. 流动负债有较多的流动资产作保障
B. 企业一定有足够的现金来还债
C. 任何行业企业该比率都不能低于 2
D. 流动比率过高，说明企业在资金使用上不尽合理
15. 下列各项中，影响应收账款周转率指标的有（　　）。
A. 应收账款　　B. 应收票据
C. 销售折扣与折让　　D. 预付账款

三、判断题

1. 现金比率不同于速动比率之处在于剔除了应收账款对短期偿债能力的影响。 ( )

2. 一般而言，存货周转速度越快，存货占用水平越低，企业的营运能力就越强。 ( )

3. 在计算应收账款周转次数指标时，不应将应收票据考虑在内。 ( )

4. 计算利息保障倍数时分母的应付利息，指的是计入财务费用的各项利息。 ( )

5. 流动比率较高时说明企业有足够的现金或存款用来偿债。 ( )

6. 速动比率较流动比率更能反映流动负债偿还的安全性，如果速动比率较低，则企业的流动负债到期绝对不能偿还。 ( )

7. 应收账款属于速动资产。 ( )

8. 如果应收账款的减值准备计提金额比较大，应进行调整，使用未计提减值准备的应收账款计算应收账款周转天数。 ( )

9. 权益乘数的高低取决于企业的资本结构，资产负债率越高，权益乘数越高，财务风险越大。 ( )

10. 固定资产周转率 = 主营业务收入净额/平均固定资产总值。 ( )

11. 为了充分发挥负债的财务杠杆效应，企业应该尽可能提高产权比率。 ( )

12. 在其他条件不变的情况下，产权比率越大，企业的负债程度越高，能给企业带来更多财务杠杆利益，同时也增加了企业的财务风险。 ( )

13. 市盈率越高说明投资者对企业的发展前景越看好，投资者更愿意以较高的价格购买公司股票，但是也说明投资于该股票的风险越大。 ( )

14. 股权资本增长率反映了企业当年股东权益的变化水平，体现了企业资本的积累能力，是评价企业发展能力的重要财务指标。 ( )

15. 杜邦体系将股东权益净利率分解为销售净利率、总资产周转率和资产负债率。 ( )

四、计算分析题

1. 某商业企业 2021 年度赊销收入净额为 2 000 万元，营业成本为 1 600 万元，年初、年末应收账款余额分别为 100 万元和 400 万元；年初、年末存货余额分别为 200 万元和 600 万元。该企业年末现金为 560 万元，流动负债为 800 万元。假定该企业流动资产由速动资产和存货组成，速动资产由应收账款和现金类资产组成，一年按 360 天计算。要求：

（1）计算 2021 年应收账款周转天数；

（2）计算 2021 年存货周转天数；

（3）计算 2021 年年末速动比率；

（4）计算 2021 年年末流动比率。

2. 远东公司 2021 年年末资产负债表的有关资料如下：

（1）资产总额为2 000万元，其中库存现金为120万元、应收账款为240万元、存货为320万元、其他流动资产为120万元、固定资产净额为1 200万元。

（2）应付账款为100万元、应付票据为220万元、应付职工薪酬为40万元、长期借款为400万元、实收资本为1 000万元、未分配利润为240万元。

该公司本年度利润表上反映的营业收入为6 000万元，净利润为300万元。

根据以上资料计算以下指标：

（1）流动比率；

（2）速动比率；

（3）营业净利率；

（4）总资产周转率（总资产按年末数）；

（5）权益乘数。

3. 大成公司2021年年末有关资料如下：

（1）银行存款为1 500万元，固定资产净值为12 200万元，资产总额为32 400万元；

（2）短期借款为100万元，实收资本为15 000万元；

（3）存货周转率为6次，期初存货为3 000万元，本期销货成本为29 400万元；

（4）流动比率为2，产权比率为0.7。

要求：计算表8－8中项目，并将简要资产负债表填列完整。

表8－8　大成公司资产负债表

2021年12月31日　　单位：万元

项　目	金　额	项　目	金　额
银行存款	1 500	应付票据	10 000
应收账款		短期借款	100
存货	6 800	长期负债	
固定资产净值	12 200	实收资本	15 000
		未分配利润	
资产总计	32 400	负债及所有者权益合计	32 400

4. 某公司2021年度有关营运能力的指标如表8－9所示：

表8－9　公司及行业营运能力指标值

比率名称	本公司	行业平均数
应收账款周转率	5次	10次
固定资产周转率	5.5次	13次
总资产周转率	1.7次	3次

要求：与行业平均财务比率比较，评价该公司的运营能力，说明该公司经营管理可能存在的问题，分析原因并帮助寻求解决办法。

案例分析

选择一家上市公司，从网上查找下载该公司近三年的年度报告，阅读年度报告，根据财务数据完成以下任务：

（1）进行偿债能力分析，并计算相关指标；

（2）进行营运能力分析，并计算相关指标；

（3）进行盈利能力分析，并计算相关指标；

（4）进行发展能力分析，并计算相关指标；

（5）将近三年重要的财务指标数据做比较，进行趋势分析；

（6）根据计算结果进行分析评价，完成上市公司的财务分析报告。

附　录

1. 复利终值系数（F/P，i，n）表

期数	1%	2%	3%	4%	5%	6%	7%	8%	9%	10%
1	1.0100	1.0200	1.0300	1.0400	1.0500	1.0600	1.0700	1.0800	1.0900	1.1000
2	1.0201	1.0404	1.0609	1.0816	1.1025	1.1236	1.1449	1.1664	1.1881	1.2100
3	1.0303	1.0612	1.0927	1.1249	1.1576	1.1910	1.2250	1.2597	1.2950	1.3310
4	1.0406	1.0824	1.1255	1.1699	1.2155	1.2625	1.3108	1.3605	1.4116	1.4641
5	1.0510	1.1041	1.1593	1.2167	1.2763	1.3382	1.4026	1.4693	1.5386	1.6105
6	1.0615	1.1262	1.1941	1.2653	1.3401	1.4185	1.5007	1.5869	1.6771	1.7716
7	1.0721	1.1487	1.2299	1.3159	1.4071	1.5036	1.6058	1.7138	1.8280	1.9487
8	1.0829	1.1717	1.2668	1.3686	1.4775	1.5938	1.7182	1.8509	1.9926	2.1436
9	1.0937	1.1951	1.3048	1.4233	1.5513	1.6895	1.8385	1.9990	2.1719	2.3579
10	1.1046	1.2190	1.3439	1.4802	1.6289	1.7908	1.9672	2.1589	2.3674	2.5937
11	1.1157	1.2434	1.3842	1.5395	1.7103	1.8983	2.1049	2.3316	2.5804	2.8531
12	1.1268	1.2682	1.4258	1.6010	1.7959	2.0122	2.2522	2.5182	2.8127	3.1384
13	1.1381	1.2936	1.4685	1.6651	1.8856	2.1329	2.4098	2.7196	3.0658	3.4523
14	1.1495	1.3195	1.5126	1.7317	1.9799	2.2609	2.5785	2.9372	3.3417	3.7975
15	1.1610	1.3459	1.5580	1.8009	2.0789	2.3966	2.7590	3.1722	3.6425	4.1772
16	1.1726	1.3728	1.6047	1.8730	2.1829	2.5404	2.9522	3.4259	3.9703	4.5950
17	1.1843	1.4002	1.6528	1.9479	2.2920	2.6928	3.1588	3.7000	4.3276	5.0545
18	1.1961	1.4282	1.7024	2.0258	2.4066	2.8543	3.3799	3.9960	4.7171	5.5599
19	1.2081	1.4568	1.7535	2.1068	2.5270	3.0256	3.6165	4.3157	5.1417	6.1159
20	1.2202	1.4859	1.8061	2.1911	2.6533	3.2071	3.8697	4.6610	5.6044	6.7275
21	1.2324	1.5157	1.8603	2.2788	2.7860	3.3996	4.1406	5.0338	6.1088	7.4002
22	1.2447	1.5460	1.9161	2.3699	2.9253	3.6035	4.4304	5.4365	6.6586	8.1403
23	1.2572	1.5769	1.9736	2.4647	3.0715	3.8197	4.7405	5.8715	7.2579	8.9543
24	1.2697	1.6084	2.0328	2.5633	3.2251	4.0489	5.0724	6.3412	7.9111	9.8497
25	1.2824	1.6406	2.0938	2.6658	3.3864	4.2919	5.4274	6.8485	8.6231	10.8347
26	1.2953	1.6734	2.1566	2.7725	3.5557	4.5494	5.8074	7.3964	9.3992	11.9182
27	1.3082	1.7069	2.2213	2.8834	3.7335	4.8223	6.2139	7.9881	10.2451	13.1100
28	1.3213	1.7410	2.2879	2.9987	3.9201	5.1117	6.6488	8.6271	11.1671	14.4210
29	1.3345	1.7758	2.3566	3.1187	4.1161	5.4184	7.1143	9.3173	12.1722	15.8631
30	1.3478	1.8114	2.4273	3.2434	4.3219	5.7435	7.6123	10.0627	13.2677	17.4494

续表

期数	11%	12%	13%	14%	15%	16%	17%	18%	19%	20%
1	1.1100	1.1200	1.1300	1.1400	1.1500	1.1600	1.1700	1.1800	1.1900	1.2000
2	1.2321	1.2544	1.2769	1.2996	1.3225	1.3456	1.3689	1.3924	1.4161	1.4400
3	1.3676	1.4049	1.4429	1.4815	1.5209	1.5609	1.6016	1.6430	1.6852	1.7280
4	1.5181	1.5735	1.6305	1.6890	1.7490	1.8106	1.8739	1.9388	2.0053	2.0736
5	1.6851	1.7623	1.8424	1.9254	2.0114	2.1003	2.1924	2.2878	2.3864	2.4883
6	1.8704	1.9738	2.0820	2.1950	2.3131	2.4364	2.5652	2.6996	2.8398	2.9860
7	2.0762	2.2107	2.3526	2.5023	2.6600	2.8262	3.0012	3.1855	3.3793	3.5832
8	2.3045	2.4760	2.6584	2.8526	3.0590	3.2784	3.5115	3.7589	4.0214	4.2998
9	2.5580	2.7731	3.0040	3.2519	3.5179	3.8030	4.1084	4.4355	4.7854	5.1598
10	2.8394	3.1058	3.3946	3.7072	4.0456	4.4114	4.8068	5.2338	5.6947	6.1917
11	3.1518	3.4785	3.8359	4.2262	4.6524	5.1173	5.6240	6.1759	6.7767	7.4301
12	3.4985	3.8960	4.3345	4.8179	5.3503	5.9360	6.5801	7.2876	8.0642	8.9161
13	3.8833	4.3635	4.8980	5.4924	6.1528	6.8858	7.6987	8.5994	9.5964	10.6993
14	4.3104	4.8871	5.5348	6.2613	7.0757	7.9875	9.0075	10.1472	11.4198	12.8392
15	4.7846	5.4736	6.2543	7.1379	8.1371	9.2655	10.5387	11.9737	13.5895	15.4070
16	5.3109	6.1304	7.0673	8.1372	9.3576	10.7480	12.3303	14.1290	16.1715	18.4884
17	5.8951	6.8660	7.9861	9.2765	10.7613	12.4677	14.4265	16.6722	19.2441	22.1861
18	6.5436	7.6900	9.0243	10.5752	12.3755	14.4625	16.8790	19.6733	22.9005	26.6233
19	7.2633	8.6128	10.1974	12.0557	14.2318	16.7765	19.7484	23.2144	27.2516	31.9480
20	8.0623	9.6463	11.5231	13.7435	16.3665	19.4608	23.1056	27.3930	32.4294	38.3376
21	8.9492	10.8038	13.0211	15.6676	18.8215	22.5745	27.0336	32.3238	38.5910	46.0051
22	9.9336	12.1003	14.7138	17.8610	21.6447	26.1864	31.6293	38.1421	45.9233	55.2061
23	11.0263	13.5523	16.6266	20.3616	24.8915	30.3762	37.0062	45.0076	54.6487	66.2474
24	12.2392	15.1786	18.7881	23.2122	28.6252	35.2364	43.2973	53.1090	65.0320	79.4968
25	13.5855	17.0001	21.2305	26.4619	32.9190	40.8742	50.6578	62.6686	77.3881	95.3962
26	15.0799	19.0401	23.9905	30.1666	37.8568	47.4141	59.2697	73.9490	92.0918	114.4755
27	16.7387	21.3249	27.1093	34.3899	43.5353	55.0004	69.3455	87.2598	109.5893	137.3706
28	18.5799	23.8839	30.6335	39.2045	50.0656	63.8004	81.1342	102.9666	130.4112	164.8447
29	20.6237	26.7499	34.6158	44.6931	57.5755	74.0085	94.9271	121.5005	155.1893	197.8136
30	22.8923	29.9599	39.1159	50.9502	66.2118	85.8499	111.0647	143.3706	184.6753	237.3763

续表

期数	21%	22%	23%	24%	25%	26%	27%	28%	29%	30%
1	1.2100	1.2200	1.2300	1.2400	1.2500	1.2600	1.2700	1.2800	1.2900	1.3000
2	1.4641	1.4884	1.5129	1.5376	1.5625	1.5876	1.6129	1.6384	1.6641	1.6900
3	1.7716	1.8158	1.8609	1.9066	1.9531	2.0004	2.0484	2.0972	2.1467	2.1970
4	2.1436	2.2153	2.2889	2.3642	2.4414	2.5205	2.6014	2.6844	2.7692	2.8561
5	2.5937	2.7027	2.8153	2.9316	3.0518	3.1758	3.3038	3.4360	3.5723	3.7129
6	3.1384	3.2973	3.4628	3.6352	3.8147	4.0015	4.1959	4.3980	4.6083	4.8268
7	3.7975	4.0227	4.2593	4.5077	4.7684	5.0419	5.3288	5.6295	5.9447	6.2749
8	4.5950	4.9077	5.2389	5.5895	5.9605	6.3528	6.7675	7.2058	7.6686	8.1573
9	5.5599	5.9874	6.4439	6.9310	7.4506	8.0045	8.5948	9.2234	9.8925	10.6045
10	6.7275	7.3046	7.9259	8.5944	9.3132	10.0857	10.9153	11.8059	12.7614	13.7858
11	8.1403	8.9117	9.7489	10.6571	11.6415	12.7080	13.8625	15.1116	16.4622	17.9216
12	9.8497	10.8722	11.9912	13.2148	14.5519	16.0120	17.6053	19.3428	21.2362	23.2981
13	11.9182	13.2641	14.7491	16.3863	18.1899	20.1752	22.3588	24.7588	27.3947	30.2875
14	14.4210	16.1822	18.1414	20.3191	22.7374	25.4207	28.3957	31.6913	35.3391	39.3738
15	17.4494	19.7423	22.3140	25.1956	28.4217	32.0301	36.0625	40.5648	45.5875	51.1859
16	21.1138	24.0856	27.4462	31.2426	35.5271	40.3579	45.7994	51.9230	58.8079	66.5417
17	25.5477	29.3844	33.7588	38.7408	44.4089	50.8510	58.1652	66.4614	75.8621	86.5042
18	30.9127	35.8490	41.5233	48.0386	55.5112	64.0722	73.8698	85.0706	97.8622	112.4554
19	37.4043	43.7358	51.0737	59.5679	69.3889	80.7310	93.8147	108.8904	126.2422	146.1920
20	45.2593	53.3576	62.8206	73.8641	86.7362	101.7211	119.1446	139.3797	162.8524	190.0496
21	54.7637	65.0963	77.2694	91.5915	108.4202	128.1685	151.3137	178.4060	210.0796	247.0645
22	66.2641	79.4175	95.0413	113.5735	135.5253	161.4924	192.1683	228.3596	271.0027	321.1839
23	80.1795	96.8894	116.9008	140.8312	169.4066	203.4804	244.0538	292.3003	349.5935	417.5391
24	97.0172	118.2050	143.7880	174.6306	211.7582	256.3853	309.9483	374.1444	450.9756	542.8008
25	117.3909	144.2101	176.8593	216.5420	264.6978	323.0454	393.6344	478.9049	581.7585	705.6410
26	142.0429	175.9364	217.5369	268.5121	330.8722	407.0373	499.9157	612.9982	750.4685	917.3333
27	171.8719	214.6424	267.5704	332.9550	413.5903	512.8670	634.8929	784.6377	968.1044	1192.5333
28	207.9651	261.8637	329.1115	412.8642	516.9879	646.2124	806.3140	1 004.3363	1 248.8546	1 550.2933
29	251.6377	319.4737	404.8072	511.9516	646.2349	814.2276	1 024.0187	1 285.5504	1 611.0225	2 015.3813
30	304.4816	389.7579	497.9129	634.8199	807.7936	1 025.9267	1 300.5083	1 645.5046	2 078.2190	2 619.9956

2. 复利现值系数(P/F, i, n)表

期数	1%	2%	3%	4%	5%	6%	7%	8%	9%	10%
1	0.9901	0.9804	0.9709	0.9615	0.9524	0.9434	0.9346	0.9259	0.9174	0.9091
2	0.9803	0.9612	0.9426	0.9246	0.9070	0.8900	0.8734	0.8573	0.8417	0.8264
3	0.9706	0.9423	0.9151	0.8890	0.8638	0.8396	0.8163	0.7938	0.7722	0.7513
4	0.9610	0.9238	0.8885	0.8548	0.8227	0.7921	0.7629	0.7350	0.7084	0.6830
5	0.9515	0.9057	0.8626	0.8219	0.7835	0.7473	0.7130	0.6806	0.6499	0.6209
6	0.9420	0.8880	0.8375	0.7903	0.7462	0.7050	0.6663	0.6302	0.5963	0.5645
7	0.9327	0.8706	0.8131	0.7599	0.7107	0.6651	0.6227	0.5835	0.5470	0.5132
8	0.9235	0.8535	0.7894	0.7307	0.6768	0.6274	0.5820	0.5403	0.5019	0.4665
9	0.9143	0.8368	0.7664	0.7026	0.6446	0.5919	0.5439	0.5002	0.4604	0.4241
10	0.9053	0.8203	0.7441	0.6756	0.6139	0.5584	0.5083	0.4632	0.4224	0.3855
11	0.8963	0.8043	0.7224	0.6496	0.5847	0.5268	0.4751	0.4289	0.3875	0.3505
12	0.8874	0.7885	0.7014	0.6246	0.5568	0.4970	0.4440	0.3971	0.3555	0.3186
13	0.8787	0.7730	0.6810	0.6006	0.5303	0.4688	0.4150	0.3677	0.3262	0.2897
14	0.8700	0.7579	0.6611	0.5775	0.5051	0.4423	0.3878	0.3405	0.2992	0.2633
15	0.8613	0.7430	0.6419	0.5553	0.4810	0.4173	0.3624	0.3152	0.2745	0.2394
16	0.8528	0.7284	0.6232	0.5339	0.4581	0.3936	0.3387	0.2919	0.2519	0.2176
17	0.8444	0.7142	0.6050	0.5134	0.4363	0.3714	0.3166	0.2703	0.2311	0.1978
18	0.8360	0.7002	0.5874	0.4936	0.4155	0.3503	0.2959	0.2502	0.2120	0.1799
19	0.8277	0.6864	0.5703	0.4746	0.3957	0.3305	0.2765	0.2317	0.1945	0.1635
20	0.8195	0.6730	0.5537	0.4564	0.3769	0.3118	0.2584	0.2145	0.1784	0.1486
21	0.8114	0.6598	0.5375	0.4388	0.3589	0.2942	0.2415	0.1987	0.1637	0.1351
22	0.8034	0.6468	0.5219	0.4220	0.3418	0.2775	0.2257	0.1839	0.1502	0.1228
23	0.7954	0.6342	0.5067	0.4057	0.3256	0.2618	0.2109	0.1703	0.1378	0.1117
24	0.7876	0.6217	0.4919	0.3901	0.3101	0.2470	0.1971	0.1577	0.1264	0.1015
25	0.7798	0.6095	0.4776	0.3751	0.2953	0.2330	0.1842	0.1460	0.1160	0.0923
26	0.7720	0.5976	0.4637	0.3607	0.2812	0.2198	0.1722	0.1352	0.1064	0.0839
27	0.7644	0.5859	0.4502	0.3468	0.2678	0.2074	0.1609	0.1252	0.0976	0.0763
28	0.7568	0.5744	0.4371	0.3335	0.2551	0.1956	0.1504	0.1159	0.0895	0.0693
29	0.7493	0.5631	0.4243	0.3207	0.2429	0.1846	0.1406	0.1073	0.0822	0.0630
30	0.7419	0.5521	0.4120	0.3083	0.2314	0.1741	0.1314	0.0994	0.0754	0.0573

续表

期数	11%	12%	13%	14%	15%	16%	17%	18%	19%	20%
1	0. 9009	0. 8929	0. 8850	0. 8772	0. 8696	0. 8621	0. 8547	0. 8475	0. 8403	0. 8333
2	0. 8116	0. 7972	0. 7831	0. 7695	0. 7561	0. 7432	0. 7305	0. 7182	0. 7062	0. 6944
3	0. 7312	0. 7118	0. 6931	0. 6750	0. 6575	0. 6407	0. 6244	0. 6086	0. 5934	0. 5787
4	0. 6587	0. 6355	0. 6133	0. 5921	0. 5718	0. 5523	0. 5337	0. 5158	0. 4987	0. 4823
5	0. 5935	0. 5674	0. 5428	0. 5194	0. 4972	0. 4761	0. 4561	0. 4371	0. 4190	0. 4019
6	0. 5346	0. 5066	0. 4803	0. 4556	0. 4323	0. 4104	0. 3898	0. 3704	0. 3521	0. 3349
7	0. 4817	0. 4523	0. 4251	0. 3996	0. 3759	0. 3538	0. 3332	0. 3139	0. 2959	0. 2791
8	0. 4339	0. 4039	0. 3762	0. 3506	0. 3269	0. 3050	0. 2848	0. 2660	0. 2487	0. 2326
9	0. 3909	0. 3606	0. 3329	0. 3075	0. 2843	0. 2630	0. 2434	0. 2255	0. 2090	0. 1938
10	0. 3522	0. 3220	0. 2946	0. 2697	0. 2472	0. 2267	0. 2080	0. 1911	0. 1756	0. 1615
11	0. 3173	0. 2875	0. 2607	0. 2366	0. 2149	0. 1954	0. 1778	0. 1619	0. 1476	0. 1346
12	0. 2858	0. 2567	0. 2307	0. 2076	0. 1869	0. 1685	0. 1520	0. 1372	0. 1240	0. 1122
13	0. 2575	0. 2292	0. 2042	0. 1821	0. 1625	0. 1452	0. 1299	0. 1163	0. 1042	0. 0935
14	0. 2320	0. 2046	0. 1807	0. 1597	0. 1413	0. 1252	0. 1110	0. 0985	0. 0876	0. 0779
15	0. 2090	0. 1827	0. 1599	0. 1401	0. 1229	0. 1079	0. 0949	0. 0835	0. 0736	0. 0649
16	0. 1883	0. 1631	0. 1415	0. 1229	0. 1069	0. 0930	0. 0811	0. 0708	0. 0618	0. 0541
17	0. 1696	0. 1456	0. 1252	0. 1078	0. 0929	0. 0802	0. 0693	0. 0600	0. 0520	0. 0451
18	0. 1528	0. 1300	0. 1108	0. 0946	0. 0808	0. 0691	0. 0592	0. 0508	0. 0437	0. 0376
19	0. 1377	0. 1161	0. 0981	0. 0829	0. 0703	0. 0596	0. 0506	0. 0431	0. 0367	0. 0313
20	0. 1240	0. 1037	0. 0868	0. 0728	0. 0611	0. 0514	0. 0433	0. 0365	0. 0308	0. 0261
21	0. 1117	0. 0926	0. 0768	0. 0638	0. 0531	0. 0443	0. 0370	0. 0309	0. 0259	0. 0217
22	0. 1007	0. 0826	0. 0680	0. 0560	0. 0462	0. 0382	0. 0316	0. 0262	0. 0218	0. 0181
23	0. 0907	0. 0738	0. 0601	0. 0491	0. 0402	0. 0329	0. 0270	0. 0222	0. 0183	0. 0151
24	0. 0817	0. 0659	0. 0532	0. 0431	0. 0349	0. 0284	0. 0231	0. 0188	0. 0154	0. 0126
25	0. 0736	0. 0588	0. 0471	0. 0378	0. 0304	0. 0245	0. 0197	0. 0160	0. 0129	0. 0105
26	0. 0663	0. 0525	0. 0417	0. 0331	0. 0264	0. 0211	0. 0169	0. 0135	0. 0109	0. 0087
27	0. 0597	0. 0469	0. 0369	0. 0291	0. 0230	0. 0182	0. 0144	0. 0115	0. 0091	0. 0073
28	0. 0538	0. 0419	0. 0326	0. 0255	0. 0200	0. 0157	0. 0123	0. 0097	0. 0077	0. 0061
29	0. 0485	0. 0374	0. 0289	0. 0224	0. 0174	0. 0135	0. 0105	0. 0082	0. 0064	0. 0051
30	0. 0437	0. 0334	0. 0256	0. 0196	0. 0151	0. 0116	0. 0090	0. 0070	0. 0054	0. 0042

续表

期数	21%	22%	23%	24%	25%	26%	27%	28%	29%	30%
1	0.8264	0.8197	0.8130	0.8065	0.8000	0.7937	0.7874	0.7813	0.7752	0.7692
2	0.6830	0.6719	0.6610	0.6504	0.6400	0.6299	0.6200	0.6104	0.6009	0.5917
3	0.5645	0.5507	0.5374	0.5245	0.5120	0.4999	0.4882	0.4768	0.4658	0.4552
4	0.4665	0.4514	0.4369	0.4230	0.4096	0.3968	0.3844	0.3725	0.3611	0.3501
5	0.3855	0.3700	0.3552	0.3411	0.3277	0.3149	0.3027	0.2910	0.2799	0.2693
6	0.3186	0.3033	0.2888	0.2751	0.2621	0.2499	0.2383	0.2274	0.2170	0.2072
7	0.2633	0.2486	0.2348	0.2218	0.2097	0.1983	0.1877	0.1776	0.1682	0.1594
8	0.2176	0.2038	0.1909	0.1789	0.1678	0.1574	0.1478	0.1388	0.1304	0.1226
9	0.1799	0.1670	0.1552	0.1443	0.1342	0.1249	0.1164	0.1084	0.1011	0.0943
10	0.1486	0.1369	0.1262	0.1164	0.1074	0.0992	0.0916	0.0847	0.0784	0.0725
11	0.1228	0.1122	0.1026	0.0938	0.0859	0.0787	0.0721	0.0662	0.0607	0.0558
12	0.1015	0.0920	0.0834	0.0757	0.0687	0.0625	0.0568	0.0517	0.0471	0.0429
13	0.0839	0.0754	0.0678	0.0610	0.0550	0.0496	0.0447	0.0404	0.0365	0.0330
14	0.0693	0.0618	0.0551	0.0492	0.0440	0.0393	0.0352	0.0316	0.0283	0.0254
15	0.0573	0.0507	0.0448	0.0397	0.0352	0.0312	0.0277	0.0247	0.0219	0.0195
16	0.0474	0.0415	0.0364	0.0320	0.0281	0.0248	0.0218	0.0193	0.0170	0.0150
17	0.0391	0.0340	0.0296	0.0258	0.0225	0.0197	0.0172	0.0150	0.0132	0.0116
18	0.0323	0.0279	0.0241	0.0208	0.0180	0.0156	0.0135	0.0118	0.0102	0.0089
19	0.0267	0.0229	0.0196	0.0168	0.0144	0.0124	0.0107	0.0092	0.0079	0.0068
20	0.0221	0.0187	0.0159	0.0135	0.0115	0.0098	0.0084	0.0072	0.0061	0.0053
21	0.0183	0.0154	0.0129	0.0109	0.0092	0.0078	0.0066	0.0056	0.0048	0.0040
22	0.0151	0.0126	0.0105	0.0088	0.0074	0.0062	0.0052	0.0044	0.0037	0.0031
23	0.0125	0.0103	0.0086	0.0071	0.0059	0.0049	0.0041	0.0034	0.0029	0.0024
24	0.0103	0.0085	0.0070	0.0057	0.0047	0.0039	0.0032	0.0027	0.0022	0.0018
25	0.0085	0.0069	0.0057	0.0046	0.0038	0.0031	0.0025	0.0021	0.0017	0.0014
26	0.0070	0.0057	0.0046	0.0037	0.0030	0.0025	0.0020	0.0016	0.0013	0.0011
27	0.0058	0.0047	0.0037	0.0030	0.0024	0.0019	0.0016	0.0013	0.0010	0.0008
28	0.0048	0.0038	0.0030	0.0024	0.0019	0.0015	0.0012	0.0010	0.0008	0.0006
29	0.0040	0.0031	0.0025	0.0020	0.0015	0.0012	0.0010	0.0008	0.0006	0.0005
30	0.0033	0.0026	0.0020	0.0016	0.0012	0.0010	0.0008	0.0006	0.0005	0.0004

3. 年金现值系数（P/A，i，n）表

期数	1%	2%	3%	4%	5%	6%	7%	8%	9%	10%
1	0.9901	0.9804	0.9709	0.9615	0.9524	0.9434	0.9346	0.9259	0.9174	0.9091
2	1.9704	1.9416	1.9135	1.8861	1.8594	1.8334	1.8080	1.7833	1.7591	1.7355
3	2.9410	2.8839	2.8286	2.7751	2.7232	2.6730	2.6243	2.5771	2.5313	2.4869
4	3.9020	3.8077	3.7171	3.6299	3.5460	3.4651	3.3872	3.3121	3.2397	3.1699
5	4.8534	4.7135	4.5797	4.4518	4.3295	4.2124	4.1002	3.9927	3.8897	3.7908
6	5.7955	5.6014	5.4172	5.2421	5.0757	4.9173	4.7665	4.6229	4.4859	4.3553
7	6.7282	6.4720	6.2303	6.0021	5.7864	5.5824	5.3893	5.2064	5.0330	4.8684
8	7.6517	7.3255	7.0197	6.7327	6.4632	6.2098	5.9713	5.7466	5.5348	5.3349
9	8.5660	8.1622	7.7861	7.4353	7.1078	6.8017	6.5152	6.2469	5.9952	5.7590
10	9.4713	8.9826	8.5302	8.1109	7.7217	7.3601	7.0236	6.7101	6.4177	6.1446
11	10.3676	9.7868	9.2526	8.7605	8.3064	7.8869	7.4987	7.1390	6.8052	6.4951
12	11.2551	10.5753	9.9540	9.3851	8.8633	8.3838	7.9427	7.5361	7.1607	6.8137
13	12.1337	11.3484	10.6350	9.9856	9.3936	8.8527	8.3577	7.9038	7.4869	7.1034
14	13.0037	12.1062	11.2961	10.5631	9.8986	9.2950	8.7455	8.2442	7.7862	7.3667
15	13.8651	12.8493	11.9379	11.1184	10.3797	9.7122	9.1079	8.5595	8.0607	7.6061
16	14.7179	13.5777	12.5611	11.6523	10.8378	10.1059	9.4466	8.8514	8.3126	7.8237
17	15.5623	14.2919	13.1661	12.1657	11.2741	10.4773	9.7632	9.1216	8.5436	8.0216
18	16.3983	14.9920	13.7535	12.6593	11.6896	10.8276	10.0591	9.3719	8.7556	8.2014
19	17.2260	15.6785	14.3238	13.1339	12.0853	11.1581	10.3356	9.6036	8.9501	8.3649
20	18.0456	16.3514	14.8775	13.5903	12.4622	11.4699	10.5940	9.8181	9.1285	8.5136
21	18.8570	17.0112	15.4150	14.0292	12.8212	11.7641	10.8355	10.0168	9.2922	8.6487
22	19.6604	17.6580	15.9369	14.4511	13.1630	12.0416	11.0612	10.2007	9.4424	8.7715
23	20.4558	18.2922	16.4436	14.8568	13.4886	12.3034	11.2722	10.3711	9.5802	8.8832
24	21.2434	18.9139	16.9355	15.2470	13.7986	12.5504	11.4693	10.5288	9.7066	8.9847
25	22.0232	19.5235	17.4131	15.6221	14.0939	12.7834	11.6536	10.6748	9.8226	9.0770
26	22.7952	20.1210	17.8768	15.9828	14.3752	13.0032	11.8258	10.8100	9.9290	9.1609
27	23.5596	20.7069	18.3270	16.3296	14.6430	13.2105	11.9867	10.9352	10.0266	9.2372
28	24.3164	21.2813	18.7641	16.6631	14.8981	13.4062	12.1371	11.0511	10.1161	9.3066
29	25.0658	21.8444	19.1885	16.9837	15.1411	13.5907	12.2777	11.1584	10.1983	9.3696
30	25.8077	22.3965	19.6004	17.2920	15.3725	13.7648	12.4090	11.2578	10.2737	9.4269

续表

期数	11%	12%	13%	14%	15%	16%	17%	18%	19%	20%
1	0.9009	0.8929	0.8850	0.8772	0.8696	0.8621	0.8547	0.8475	0.8403	0.8333
2	1.7125	1.6901	1.6681	1.6467	1.6257	1.6052	1.5852	1.5656	1.5465	1.5278
3	2.4437	2.4018	2.3612	2.3216	2.2832	2.2459	2.2096	2.1743	2.1399	2.1065
4	3.1024	3.0373	2.9745	2.9137	2.8550	2.7982	2.7432	2.6901	2.6386	2.5887
5	3.6959	3.6048	3.5172	3.4331	3.3522	3.2743	3.1993	3.1272	3.0576	2.9906
6	4.2305	4.1114	3.9975	3.8887	3.7845	3.6847	3.5892	3.4976	3.4098	3.3255
7	4.7122	4.5638	4.4226	4.2883	4.1604	4.0386	3.9224	3.8115	3.7057	3.6046
8	5.1461	4.9676	4.7988	4.6389	4.4873	4.3436	4.2072	4.0776	3.9544	3.8372
9	5.5370	5.3282	5.1317	4.9464	4.7716	4.6065	4.4506	4.3030	4.1633	4.0310
10	5.8892	5.6502	5.4262	5.2161	5.0188	4.8332	4.6586	4.4941	4.3389	4.1925
11	6.2065	5.9377	5.6869	5.4527	5.2337	5.0286	4.8364	4.6560	4.4865	4.3271
12	6.4924	6.1944	5.9176	5.6603	5.4206	5.1971	4.9884	4.7932	4.6105	4.4392
13	6.7499	6.4235	6.1218	5.8424	5.5831	5.3423	5.1183	4.9095	4.7147	4.5327
14	6.9819	6.6282	6.3025	6.0021	5.7245	5.4675	5.2293	5.0081	4.8023	4.6106
15	7.1909	6.8109	6.4624	6.1422	5.8474	5.5755	5.3242	5.0916	4.8759	4.6755
16	7.3792	6.9740	6.6039	6.2651	5.9542	5.6685	5.4053	5.1624	4.9377	4.7296
17	7.5488	7.1196	6.7291	6.3729	6.0472	5.7487	5.4746	5.2223	4.9897	4.7746
18	7.7016	7.2497	6.8399	6.4674	6.1280	5.8178	5.5339	5.2732	5.0333	4.8122
19	7.8393	7.3658	6.9380	6.5504	6.1982	5.8775	5.5845	5.3162	5.0700	4.8435
20	7.9633	7.4694	7.0248	6.6231	6.2593	5.9288	5.6278	5.3527	5.1009	4.8696
21	8.0751	7.5620	7.1016	6.6870	6.3125	5.9731	5.6648	5.3837	5.1268	4.8913
22	8.1757	7.6446	7.1695	6.7429	6.3587	6.0113	5.6964	5.4099	5.1486	4.9094
23	8.2664	7.7184	7.2297	6.7921	6.3988	6.0442	5.7234	5.4321	5.1668	4.9245
24	8.3481	7.7843	7.2829	6.8351	6.4338	6.0726	5.7465	5.4509	5.1822	4.9371
25	8.4217	7.8431	7.3300	6.8729	6.4641	6.0971	5.7662	5.4669	5.1951	4.9476
26	8.4881	7.8957	7.3717	6.9061	6.4906	6.1182	5.7831	5.4804	5.2060	4.9563
27	8.5478	7.9426	7.4086	6.9352	6.5135	6.1364	5.7975	5.4919	5.2151	4.9636
28	8.6016	7.9844	7.4412	6.9607	6.5335	6.1520	5.8099	5.5016	5.2228	4.9697
29	8.6501	8.0218	7.4701	6.9830	6.5509	6.1656	5.8204	5.5098	5.2292	4.9747
30	8.6938	8.0552	7.4957	7.0027	6.5660	6.1772	5.8294	5.5168	5.2347	4.9789

续表

期数	21%	22%	23%	24%	25%	26%	27%	28%	29%	30%
1	0.8264	0.8197	0.8130	0.8065	0.8000	0.7937	0.7874	0.7813	0.7752	0.7692
2	1.5095	1.4915	1.4740	1.4568	1.4400	1.4235	1.4074	1.3916	1.3761	1.3609
3	2.0739	2.0422	2.0114	1.9813	1.9520	1.9234	1.8956	1.8684	1.8420	1.8161
4	2.5404	2.4936	2.4483	2.4043	2.3616	2.3202	2.2800	2.2410	2.2031	2.1662
5	2.9260	2.8636	2.8035	2.7454	2.6893	2.6351	2.5827	2.5320	2.4830	2.4356
6	3.2446	3.1669	3.0923	3.0205	2.9514	2.8850	2.8210	2.7594	2.7000	2.6427
7	3.5079	3.4155	3.3270	3.2423	3.1611	3.0833	3.0087	2.9370	2.8682	2.8021
8	3.7256	3.6193	3.5179	3.4212	3.3289	3.2407	3.1564	3.0758	2.9986	2.9247
9	3.9054	3.7863	3.6731	3.5655	3.4631	3.3657	3.2728	3.1842	3.0997	3.0190
10	4.0541	3.9232	3.7993	3.6819	3.5705	3.4648	3.3644	3.2689	3.1781	3.0915
11	4.1769	4.0354	3.9018	3.7757	3.6564	3.5435	3.4365	3.3351	3.2388	3.1473
12	4.2784	4.1274	3.9852	3.8514	3.7251	3.6059	3.4933	3.3868	3.2859	3.1903
13	4.3624	4.2028	4.0530	3.9124	3.7801	3.6555	3.5381	3.4272	3.3224	3.2233
14	4.4317	4.2646	4.1082	3.9616	3.8241	3.6949	3.5733	3.4587	3.3507	3.2487
15	4.4890	4.3152	4.1530	4.0013	3.8593	3.7261	3.6010	3.4834	3.3726	3.2682
16	4.5364	4.3567	4.1894	4.0333	3.8874	3.7509	3.6228	3.5026	3.3896	3.2832
17	4.5755	4.3908	4.2190	4.0591	3.9099	3.7705	3.6400	3.5177	3.4028	3.2948
18	4.6079	4.4187	4.2431	4.0799	3.9279	3.7861	3.6536	3.5294	3.4130	3.3037
19	4.6346	4.4415	4.2627	4.0967	3.9424	3.7985	3.6642	3.5386	3.4210	3.3105
20	4.6567	4.4603	4.2786	4.1103	3.9539	3.8083	3.6726	3.5458	3.4271	3.3158
21	4.6750	4.4756	4.2916	4.1212	3.9631	3.8161	3.6792	3.5514	3.4319	3.3198
22	4.6900	4.4882	4.3021	4.1300	3.9705	3.8223	3.6844	3.5558	3.4356	3.3230
23	4.7025	4.4985	4.3106	4.1371	3.9764	3.8273	3.6885	3.5592	3.4384	3.3254
24	4.7128	4.5070	4.3176	4.1428	3.9811	3.8312	3.6918	3.5619	3.4406	3.3272
25	4.7213	4.5139	4.3232	4.1474	3.9849	3.8342	3.6943	3.5640	3.4423	3.3286
26	4.7284	4.5196	4.3278	4.1511	3.9879	3.8367	3.6963	3.5656	3.4437	3.3297
27	4.7342	4.5243	4.3316	4.1542	3.9903	3.8387	3.6979	3.5669	3.4447	3.3305
28	4.7390	4.5281	4.3346	4.1566	3.9923	3.8402	3.6991	3.5679	3.4455	3.3312
29	4.7430	4.5312	4.3371	4.1585	3.9938	3.8414	3.7001	3.5687	3.4461	3.3317
30	4.7463	4.5338	4.3391	4.1601	3.9950	3.8424	3.7009	3.5693	3.4466	3.3321

4. 年金终值系数（F/A，i，n）表

期数	1%	2%	3%	4%	5%	6%	7%	8%	9%	10%
1	1.0000	1.0000	1.0000	1.0000	1.0000	1.0000	1.0000	1.0000	1.0000	1.0000
2	2.0100	2.0200	2.0300	2.0400	2.0500	2.0600	2.0700	2.0800	2.0900	2.1000
3	3.0301	3.0604	3.0909	3.1216	3.1525	3.1836	3.2149	3.2464	3.2781	3.3100
4	4.0604	4.1216	4.1836	4.2465	4.3101	4.3746	4.4399	4.5061	4.5731	4.6410
5	5.1010	5.2040	5.3091	5.4163	5.5256	5.6371	5.7507	5.8666	5.9847	6.1051
6	6.1520	6.3081	6.4684	6.6330	6.8019	6.9753	7.1533	7.3359	7.5233	7.7156
7	7.2135	7.4343	7.6625	7.8983	8.1420	8.3938	8.6540	8.9228	9.2004	9.4872
8	8.2857	8.5830	8.8923	9.2142	9.5491	9.8975	10.2598	10.6366	11.0285	11.4359
9	9.3685	9.7546	10.1591	10.5828	11.0266	11.4913	11.9780	12.4876	13.0210	13.5795
10	10.4622	10.9497	11.4639	12.0061	12.5779	13.1808	13.8164	14.4866	15.1929	15.9374
11	11.5668	12.1687	12.8078	13.4864	14.2068	14.9716	15.7836	16.6455	17.5603	18.5312
12	12.6825	13.4121	14.1920	15.0258	15.9171	16.8699	17.8885	18.9771	20.1407	21.3843
13	13.8093	14.6803	15.6178	16.6268	17.7130	18.8821	20.1406	21.4953	22.9534	24.5227
14	14.9474	15.9739	17.0863	18.2919	19.5986	21.0151	22.5505	24.2149	26.0192	27.9750
15	16.0969	17.2934	18.5989	20.0236	21.5786	23.2760	25.1290	27.1521	29.3609	31.7725
16	17.2579	18.6393	20.1569	21.8245	23.6575	25.6725	27.8881	30.3243	33.0034	35.9497
17	18.4304	20.0121	21.7616	23.6975	25.8404	28.2129	30.8402	33.7502	36.9737	40.5447
18	19.6147	21.4123	23.4144	25.6454	28.1324	30.9057	33.9990	37.4502	41.3013	45.5992
19	20.8109	22.8406	25.1169	27.6712	30.5390	33.7600	37.3790	41.4463	46.0185	51.1591
20	22.0190	24.2974	26.8704	29.7781	33.0660	36.7856	40.9955	45.7620	51.1601	57.2750
21	23.2392	25.7833	28.6765	31.9692	35.7193	39.9927	44.8652	50.4229	56.7645	64.0025
22	24.4716	27.2990	30.5368	34.2480	38.5052	43.3923	49.0057	55.4568	62.8733	71.4027
23	25.7163	28.8450	32.4529	36.6179	41.4305	46.9958	53.4361	60.8933	69.5319	79.5430
24	26.9735	30.4219	34.4265	39.0826	44.5020	50.8156	58.1767	66.7648	76.7898	88.4973
25	28.2432	32.0303	36.4593	41.6459	47.7271	54.8645	63.2490	73.1059	84.7009	98.3471
26	29.5256	33.6709	38.5530	44.3117	51.1135	59.1564	68.6765	79.9544	93.3240	109.1818
27	30.8209	35.3443	40.7096	47.0842	54.6691	63.7058	74.4838	87.3508	102.7231	121.0999
28	32.1291	37.0512	42.9309	49.9676	58.4026	68.5281	80.6977	95.3388	112.9682	134.2099
29	33.4504	38.7922	45.2189	52.9663	62.3227	73.6398	87.3465	103.9659	124.1354	148.6309
30	34.7849	40.5681	47.5754	56.0849	66.4388	79.0582	94.4608	113.2832	136.3075	164.4940

续表

期数	11%	12%	13%	14%	15%	16%	17%	18%	19%	20%
1	1.0000	1.0000	1.0000	1.0000	1.0000	1.0000	1.0000	1.0000	1.0000	1.0000
2	2.1100	2.1200	2.1300	2.1400	2.1500	2.1600	2.1700	2.1800	2.1900	2.2000
3	3.3421	3.3744	3.4069	3.4396	3.4725	3.5056	3.5389	3.5724	3.6061	3.6400
4	4.7097	4.7793	4.8498	4.9211	4.9934	5.0665	5.1405	5.2154	5.2913	5.3680
5	6.2278	6.3528	6.4803	6.6101	6.7424	6.8771	7.0144	7.1542	7.2966	7.4416
6	7.9129	8.1152	8.3227	8.5355	8.7537	8.9775	9.2068	9.4420	9.6830	9.9299
7	9.7833	10.0890	10.4047	10.7305	11.0668	11.4139	11.7720	12.1415	12.5227	12.9159
8	11.8594	12.2997	12.7573	13.2328	13.7268	14.2401	14.7733	15.3270	15.9020	16.4991
9	14.1640	14.7757	15.4157	16.0853	16.7858	17.5185	18.2847	19.0859	19.9234	20.7989
10	16.7220	17.5487	18.4197	19.3373	20.3037	21.3215	22.3931	23.5213	24.7089	25.9587
11	19.5614	20.6546	21.8143	23.0445	24.3493	25.7329	27.1999	28.7551	30.4035	32.1504
12	22.7132	24.1331	25.6502	27.2707	29.0017	30.8502	32.8239	34.9311	37.1802	39.5805
13	26.2116	28.0291	29.9847	32.0887	34.3519	36.7862	39.4040	42.2187	45.2445	48.4966
14	30.0949	32.3926	34.8827	37.5811	40.5047	43.6720	47.1027	50.8180	54.8409	59.1959
15	34.4054	37.2797	40.4175	43.8424	47.5804	51.6595	56.1101	60.9653	66.2607	72.0351
16	39.1899	42.7533	46.6717	50.9804	55.7175	60.9250	66.6488	72.9390	79.8502	87.4421
17	44.5008	48.8837	53.7391	59.1176	65.0751	71.6730	78.9792	87.0680	96.0218	105.9306
18	50.3959	55.7497	61.7251	68.3941	75.8364	84.1407	93.4056	103.7403	115.2659	128.1167
19	56.9395	63.4397	70.7494	78.9692	88.2118	98.6032	110.2846	123.4135	138.1664	154.7400
20	64.2028	72.0524	80.9468	91.0249	102.4436	115.3797	130.0329	146.6280	165.4180	186.6880
21	72.2651	81.6987	92.4699	104.7684	118.8101	134.8405	153.1385	174.0210	197.8474	225.0256
22	81.2143	92.5026	105.4910	120.4360	137.6316	157.4150	180.1721	206.3448	236.4385	271.0307
23	91.1479	104.6029	120.2048	138.2970	159.2764	183.6014	211.8013	244.4868	282.3618	326.2369
24	102.1742	118.1552	136.8315	158.6586	184.1678	213.9776	248.8076	289.4945	337.0105	392.4842
25	114.4133	133.3339	155.6196	181.8708	212.7930	249.2140	292.1049	342.6035	402.0425	471.9811
26	127.9988	150.3339	176.8501	208.3327	245.7120	290.0883	342.7627	405.2721	479.4306	567.3773
27	143.0786	169.3740	200.8406	238.4993	283.5688	337.5024	402.0323	479.2211	571.5224	681.8528
28	159.8173	190.6989	227.9499	272.8892	327.1041	392.5028	471.3778	566.4809	681.1116	819.2233
29	178.3972	214.5828	258.5834	312.0937	377.1697	456.3032	552.5121	669.4475	811.5228	984.0680
30	199.0209	241.3327	293.1992	356.7868	434.7451	530.3117	647.4391	790.9480	966.7122	1 181.8816

续表

期数	21%	22%	23%	24%	25%	26%	27%	28%	29%	30%
1	1.0000	1.0000	1.0000	1.0000	1.0000	1.0000	1.0000	1.0000	1.0000	1.0000
2	2.2100	2.2200	2.2300	2.2400	2.2500	2.2600	2.2700	2.2800	2.2900	2.3000
3	3.6741	3.7084	3.7429	3.7776	3.8125	3.8476	3.8829	3.9184	3.9541	3.9900
4	5.4457	5.5242	5.6038	5.6842	5.7656	5.8480	5.9313	6.0156	6.1008	6.1870
5	7.5892	7.7396	7.8926	8.0484	8.2070	8.3684	8.5327	8.6999	8.8700	9.0431
6	10.1830	10.4423	10.7079	10.9801	11.2588	11.5442	11.8366	12.1359	12.4423	12.7560
7	13.3214	13.7396	14.1708	14.6153	15.0735	15.5458	16.0324	16.5339	17.0506	17.5828
8	17.1189	17.7623	18.4300	19.1229	19.8419	20.5876	21.3612	22.1634	22.9953	23.8577
9	21.7139	22.6700	23.6690	24.7125	25.8023	26.9404	28.1287	29.3692	30.6639	32.0150
10	27.2738	28.6574	30.1128	31.6434	33.2529	34.9449	36.7235	38.5926	40.5564	42.6195
11	34.0013	35.9620	38.0388	40.2379	42.5661	45.0306	47.6388	50.3985	53.3178	56.4053
12	42.1416	44.8737	47.7877	50.8950	54.2077	57.7386	61.5013	65.5100	69.7800	74.3270
13	51.9913	55.7459	59.7788	64.1097	68.7596	73.7506	79.1066	84.8529	91.0161	97.6250
14	63.9095	69.0100	74.5280	80.4961	86.9495	93.9258	101.4654	109.6117	118.4108	127.9125
15	78.3305	85.1922	92.6694	100.8151	109.6868	119.3465	129.8611	141.3029	153.7500	167.2863
16	95.7799	104.9345	114.9834	126.0108	138.1085	151.3766	165.9236	181.8677	199.3374	218.4722
17	116.8937	129.0201	142.4295	157.2534	173.6357	191.7345	211.7230	233.7907	258.1453	285.0139
18	142.4413	158.4045	176.1883	195.9942	218.0446	242.5855	269.8882	300.2521	334.0074	371.5180
19	173.3540	194.2535	217.7116	244.0328	273.5558	306.6577	343.7580	385.3227	431.8696	483.9734
20	210.7584	237.9893	268.7853	303.6006	342.9447	387.3887	437.5726	494.2131	558.1118	630.1655
21	256.0176	291.3469	331.6059	377.4648	429.6809	489.1098	556.7173	633.5927	720.9642	820.2151
22	310.7813	356.4432	408.8753	469.0563	538.1011	617.2783	708.0309	811.9987	931.0438	1 067.2796
23	377.0454	435.8607	503.9166	582.6298	673.6264	778.7707	900.1993	1 040.3583	1 202.0465	1 388.4635
24	457.2249	532.7501	620.8174	723.4610	843.0329	982.2511	1 144.2531	1 332.6586	1 551.6400	1 806.0026
25	554.2422	650.9551	764.6054	898.0916	1 054.7912	1 238.6363	1 454.2014	1 706.8031	2 002.6156	2 348.8033
26	671.6330	795.1653	941.4647	1 114.6336	1 319.4890	1 561.6818	1 847.8358	2 185.7079	2 584.3741	3 054.4443
27	813.6759	971.1016	1 159.0016	1 383.1457	1 650.3612	1 968.7191	2 347.7515	2 798.7061	3 334.8426	3 971.7776
28	985.5479	1 185.7440	1 426.5719	1 716.1007	2 063.9515	2 481.5860	2 982.6443	3 583.3438	4 302.9470	5 164.3109
29	1 193.5129	1 447.6077	1 755.6835	2 128.9648	2 580.9394	3 127.7984	3 788.9583	4 587.6801	5 551.8016	6 714.6042
30	1 445.1507	1 767.0813	2 160.4907	2 640.9164	3 227.1743	3 942.0260	4 812.9771	5 873.2306	7 162.8241	8 729.9855

参考文献

[1] 闫华红.2021年会计专业技术资格考试应试指导及全真模拟测试　中级财务管理[M].北京：北京科学技术出版社，2021.

[2] 闫华红.2021年注册会计师考试应试指导及全真模拟测试　财务成本管理[M].北京：北京科学技术出版社，2021.